家族3人10か国60日ドライブ旅行

よろよろヨーロッパくるくるくるま旅

片山 暉

風詠社

序

「学校は行きたければ行ってもいいが、行きたくなければ行かなくていい」

息子には小さい時から本人の意思を尊重してきた。

1年生の時、小学校の学校公開があり、息子は妻と授業を見に行った。

「みんな前向いて座って話を聞いているだけだ。つまらなそう。だから行かない」

「そうか、でも一度ぐらい行ってみてから決めたら」

「いや、いい。ドラえもん読むと宿題やいじめなど大体わかるし、行かない」

学校では、いじめや指導死や、不登校、自殺など子どもにとって耐えがたい不条理が満ちている。原因はテストで正解を求めることで、子どもに世の中にすべて正解があると思いこませ、答えられないと致命的な劣等感を抱かせるなど、主体性を破壊する学校の制度そのものにあるとみている。

経済の成長期には学校にも一定の意味があったかもしれないが、息子はシンギュラリティの時代に生きていることになる。学校で主体性や創造性を押しつぶされてはかなわない。

子どもは遊ぶことが大好きである。子どもが2人いれば何もなくても遊び始める。何でも自分の思い通りにしようとすれば遊んでもらえない。かと言って言いなりばかりでは楽しくない。するとどこまで主張してもいいか、相手の主張も聞いてお互いにこれなら遊べるという妥協点を探る知恵が働くようになる。これが非認知能力（人間関係や創造性）である。学校の授業では認知能力(知識)は教えられるが、人間として生きていくのに不可欠な非認知能力は教えられない（教えない）。しかもその非認知能力は年齢が行くと習得しにくくなる。しかし納得いくまで遊んだ子は何のために学ぶかを体で理解できるようになるだろう。

7歳のころ息子は連日氷鬼《こおりおに》をやっていた。

「氷鬼ばかりで楽しいの?」

聞いたことがある。

「毎回違うんだよ。昨日こう来たから今日はその裏をかこうとするけど、相手はそのまた裏をかいてくる。考えないと負けてばっかなんだよ。これがおもしろいんだ。分かる?」

子どもは放って置けば自分から学び習得しようとする。

私はこう考えている

教室で一方的に教わることでは人間関係や、創造力は実にならない、遊びの中でこそ実を結ぶ。

本気で勉強したくなったら大学に行けばいい。小学6年間の授業は中1の半年で習得できる。今は高卒認定があるから大学を受験できる。にもかかわらず、学校へ行かなければ大人になれないと強く刷り込んでいる。

息子が授業を受けなくても心配はしていないが、学校へ行かないことの問題は友達ができないことである。日本にはホームスクーラーがほとんどいない。だから学校へ行かないと友達が作れない。そのためフリースクールに通うようになった。

そのスクールでトラブルがあり、親子でアメリカとイギリスのスクールを探して回り、最後にサマーヒルスクールに行った。そこには授業はあるが、受けるか否かは本人の意思に任されている。「行くか」と訊くと「おそらく」と答えた。

半年後9歳の春、ヒースロー行きの飛行機に乗り1人旅立って行った。

息子は私が59歳の時の子で、還暦の恥かきっこである。幼稚園はモンテッソーリに行き、その後フリースクールに移り一日中遊んでいた。勉強は週に3回、1日10分ぐらい私が見た。学校からもらった教科書で確認した限りでは授業内容について行けてると思っている。

今、息子は1年の3分の2は寄宿舎で過ごし年に3回日本に帰って来る。授業は英語と数学とドラムとコンピュータは受けているようだが、歴史や地理などは勉強しているとは思えない。世界の歴史や文化は、悔しいがヨーロッパが大本だ。座学ではないヨーロッパの実際を見ておくことは学びになると考えた。

私も70歳を越え日ごと目は悪くなり、耳は遠くなり、あれもこれも衰えてくる。「そうだ」と思って立ち上がってから、なんで今立ち上がったかと考えてしまう。（妻は昔からだから大丈夫というが…）元気なうちに歴史や地理と美術の蘊蓄を傾けておきたい。

飛行機で移動すれば速く回れるが、ホテルと観光地を飛び飛びに移動するだけだし、一方、列車やバスは車酔いした時身動きが取れなくなる。レンタカーなら自由だし、空気、人、距離を肌で感じることもできると、アメリカの砂漠で雉を撃ちながら思った。

よし、行こう、生きてるうちに。

と思いついたのが2015年1月、ところが諸般の事情で行けなくなり翌年に仕切り直しになった。「どうしても今年は行くのだ！」と言うと妻は「本当に行くの？」とだけ訊いたが、特に止めることもなくあわただしく準備が始まった。

32年前に1人でアメリカとヨーロッパを回ってきた時は何の予定も立てずに行き当たりばったりであった。今考えるともったいなかった。

今回は徹底的に調べて行く。ヨーロッパの文明はギリシャから始まり、ローマ、フランス、イギリスと移り変わって行き、植民地で世界に広がったと理解している。ギリシャ文明前のエジプト、メソポタミアなどは治安に問題があり、今回は割愛した。

息子の夏休み7月から9月までの2か月（60日）を使う。普通の小学生なら中学受験直前の夏休みをすべて潰すことになる。

あらかじめ断っておくが文章もカメラも素人でとても人に見せられるしろものではないことは百も承知だが、そこは数打ちゃ当たると、旅の恥は掻き捨ての精神で行くのだ。ウン。

70代ボケはじめ、40代口うるさいしっかり者、10代英語ペラペラ、3世代の旅が始まる。

目次

ソフトバンクショップからはバージョンが古いため、解約してもフリーSIMは使えませんと断言されたが、実際には電話以外のSIMはすべて使えてテザリングも含め一番役に立った。

携帯 Wi-Fi

海外旅行用のレンタル Wi-Fi は 60 日借りると 10 万円近くするので、ポケット Wi-Fi を手配することにした。中古の GP02 をヤフーのオークションで購入。ロンドン以外では使えなかった。

海外 SIM

MightySIM をアマゾンから購入。日本で動作確認のためインターネットに接続し、動作を確認した。

HAWEEL-H1 のための HellowSIM をやはりアマゾンから購入。これならポケット Wi-Fi が 3 千円、Sim がそれぞれ 3 千円ぐらいで 1 万円でおつりがくる計算になる。少し不安だったのでイギリスの 3 SIM も購入。

結果は日本で買った 3 SIM はイギリスでは使えたが、その後は全く使えず、ローマで買いなおした。ThreeSIM が残りのギリシャ、イタリア、フランス、スペインで使えたが再度入ったフランスではなぜか使えなかった。HelloSIM は結構使えたが、MightySIM はモスクワでは使えたがそれ以降は全く使えなかった。

カーナビ

アメリカ大陸でも使ったが、ガーミンのカーナビ nuvi3595 を買いなおして、ヨーロッパの予定地を妻が登録した。

行き先を片端からお気に入りに入れておけば、現地でほとんどワンタッチでコース設定ができる。現地のレンタカーのカーナビは現地語または英語しかないし、初めに使い方を理解するまで手間ががかかる。お気に入りに入れることは到底無理なので、ホテルを出る前にもたもたとコース設定することになり、その分遅れてしまう。これはすぐれもの、お勧めである。

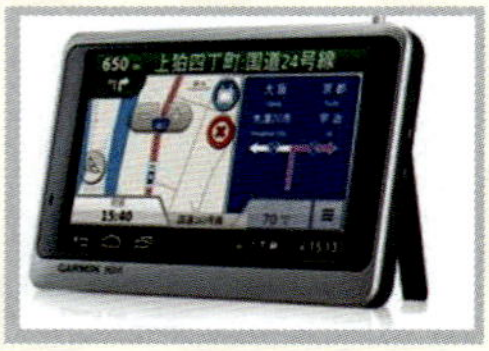

借りた車にも英語版のカーナビが付いていたが、そちらは北を上にしておくと車の方位がわかって便利だった。

安全警報装置

居眠り運転を防止するため 安全運転警報装置 TS-U10 をアマゾンで買った。居眠りすると警報が鳴るという代物で、シガーソケットが付いていなかったので配線を加工しないといけなかった。

結論から言えば役に立たなかった。眠くもないのに鳴りだし、眠くてうとうとしているのに鳴らならなかった。

スーツケース

スーツケースは 1 つあったがもう 1 つ大型を購入。カメラ用リュックも買ったがこちらはあまり役に立たなかった。

カメラ

一眼レフニコンのD7100とズームレンズタムロンのDill VC PZD MACRO。重いけど、思い通りの写真を撮るにはどうしても一眼レフが欲しい。出発前まで撮影の練習をした。

そのカメラは日本に帰ってきたらD7200になっている。写真のひもはキャップをなくさないようにつけた。フードはつけなかったのでなくした。

カメラ用GPS

写真にGPSを記録するPinoutを手配した。写真を見ても緯度経度がないとどこかわからないことがある。手配した時は完成していなかったが出発直前に届いた。手違いで2つ買ってしまったが、後日助かった。でも最終的にはすべてなくした。機能は満足だがとにかく紛失しやすい。

三脚

三脚ブライトシアンRA013を購入。一脚にもなるが重すぎてあまり使えなかった。

ストロボ

ストロボを持って行ったが、これも数回しか使うことはなかった。

ビデオ

ウエラブルビデオカメラとしてパナソニックのHX-A500-Dをアマゾンから購入。これは役に立った。ただ、ヘッドマウントは鞄に入れている間に壊れて捨てた。代わりにクリップマウントVW-CLA100-Kを車のサンバイザーに留めて撮影ができた。

パノラマカメラ

以前買って持っていたTHETAは壊れていて、改めてTHETA-Sと自撮り棒などを購入。これはとても役に立ったが一眼レフと比べ解像度が悪くて印刷には使えなかったがQRコードで見れるようにした。

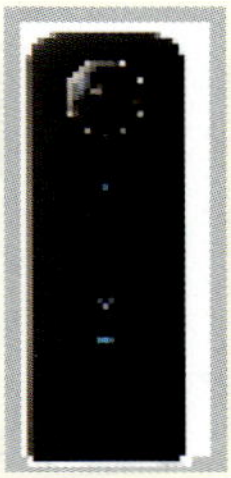

GPSレコーダー

CANMORE(GPSレコーダー)を購入。Pinoutが動かなかった時の予備として行動記録をすべて取る。これもテストを繰り返した。

ほとんどの行程はこれで記録した。ただバッテリーが1日しか持たないので、フェリーでバッテリー切れを起こしたのと充電忘れで記録できなかった場所があった。

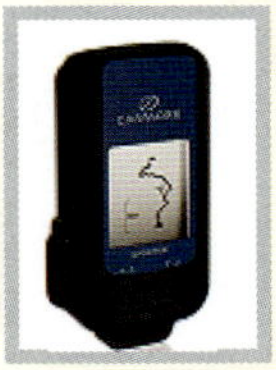

スマホ

妻のためにアンドロイド、HAWEEL-H1を購入。この機種はバッテリーの持ちはよくなかったがSIMを2枚挿せて重宝だった。

私のアンドロイドをiPhoneに買い替え。結果iPadminiがいらなくなった。息子にいるかと聞くとぜひと答えたので契約を解除し持って行くことにした。

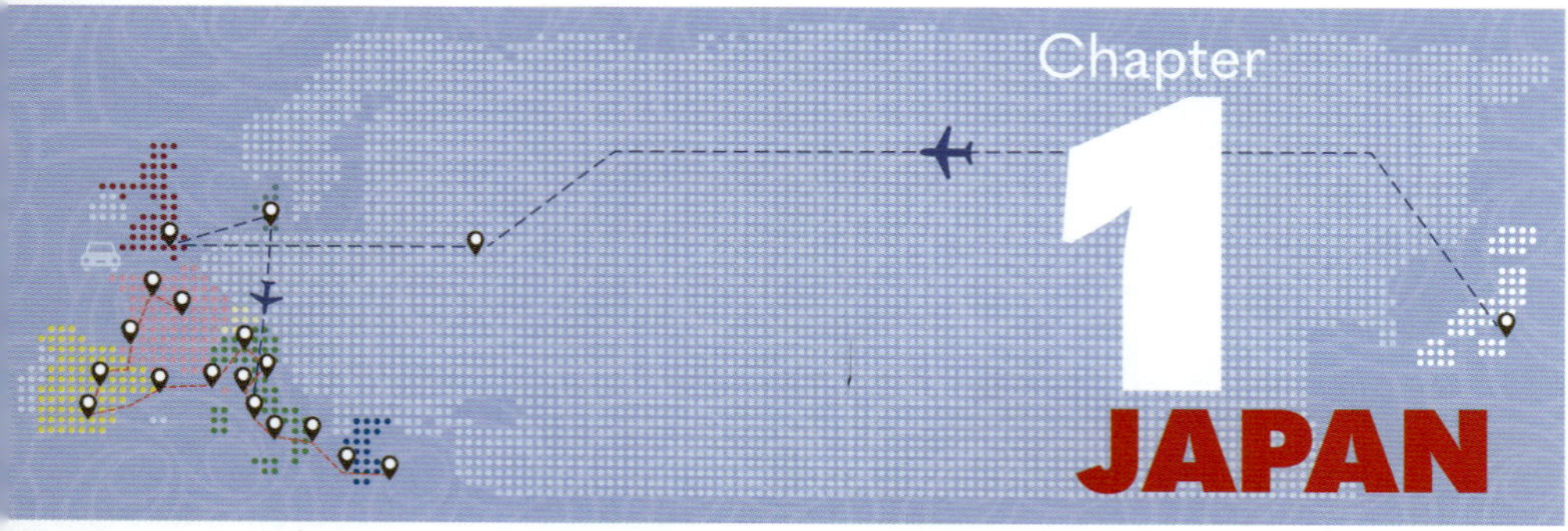

準備（日本）

チケット

まずは航空券。東京ロンドン往復のチケットを安くあげるためアエロフロートにする。途中モスクワトランジットで1泊するので、せっかくだから赤の広場を見たいがロシア入国はビザが必要になる。そのため赤羽橋のロシア大使館に行き観光ビザを取得した。

次に車の手配。イギリスはレンタカーでいいが、ヨーロッパ各国を回るレンタカーの場合、イタリアで借りてもギリシャやフランスの国境を越えられないことが分かった。そうなるとそれぞれの国でレンタルし、国境は電車で移動しなければならない。ハーツレンタカーに訊くと国境越えはできるがフェリーはできないと言われ、しかも費用が60万円もする。

どうしたもんかと悩んでいたら、プジョーオープンヨーロッパというのがあると知り合いが教えてくれた。車を借りて返すまでヨーロッパであればどこを走っても構わない。さらに新車を用意してくれてレンタカーよりだいぶ安い。

ただ法的にはリースであり、一時的に自分の名義になる。だから何かあっても自分で処理しないといけない。ハーツなら事故時、会社が電話通訳してくれ、代車も用意してくれたが、オープンヨーロッパの場合、車が故障したとき、現地の修理工場に自分で車を持ち込み、修理を頼まないといけない。イタリア語やフランス語しか話せない工場もあると聞き悩んだ。英語も怪しいのに修理を説明し対応してもらうなんて蛙に水を飲むなというより難しい。

調べてみるとアメリカンエクスプレスカードで海外通訳サービスがあって、ヨーロッパ各国の電話番号が書いてあった。これなら使えると判断し、手配することにした。でもこれは途中で勘違いだということを知ることになる。

車種は５０８ Pack HDi GPSというセダンでマニュアル車にする。５０８を選んだ理由はこれだけの期間３人で走るとなると荷物が多くてトランクにスーツケースを２個入れることのできるセダンがいい。ワゴン車では中の荷物が見えるのでガラスを割られて盗まれると言われた。マニュアル車にしたのはオートマと比べて５００ユーロぐらい安いため。

アテネには営業所がないので、ローマから借りることにする。返却はパリ。費用は保険込みで２５００ユーロぐらいだった。

申し込みを受けてから指定の車を作るので30日以上前に予約を入れてほしいと言われる。車が決定すると行程が確定する。

まずイギリスに行ってレンタカーを借りてサマーヒルスクールで息子と合流してケンブリッジからオクスフォード、ストーンヘンジ、グリニッジを回ってヒースロー空港で車を返却。このレンタカーはネットでハーツに申し込んだ。

そこからローマに飛び、オープンヨーロッパで車をリースし、ナポリ、ポンペイなど南イタリアを通ってフェリーでギリシャ・アテネへ、再びイタリアに戻り、サンマリノ、フィレンツェ、ベネチア、スイス、ミラノ、南フランスを通ってバルセロナ等スペインを通りモンサンミッシェル、パリへ。そこで車を返し、英仏海峡を鉄道でロンドンに行き、スクールから来る迎えのバスに息子を渡し、私たちは日本に戻る。

ヒースローからローマまでの航空券は直行便よりコペンハーゲン経由のほうが安く、コペンハーゲン1泊にした。ギリシャのアテネ、サントリーニ島への航空券の予約も入れた。

イタリアとギリシャの間はフェリーで移動することになるが、妻が個室にしたいというので4か月前から予約を入れた。行きはバリー⇩パトラ、帰りはパトラ⇩アンコーナーとする。

宿泊

細かい旅程を詰めたいが現地のことがよくわからない。たまたまホームページで見たCompathyにメールを送ると集まりがあるので来ないかとお誘いがあった。行ってみるとそのメンバーからAirbnbというものがあり、ホテルと比べ安いことと、ホテルでは見れない家庭を垣間見れるので楽しいと教わった。

これはいけるかもしれない、とりあえずアテネが1泊2000円ぐらいだったので予約を入れてみる。その後も連泊するところを中心にAirbnbに予約を入れる。1泊の所は予定を決めずに現地でホテルを探すことにする。

栞

「旅の栞」づくりに入る。栞というのは我が家が旅行するときは必ず作る計画書で、毎日の行動予定や宿泊先を日付順に並べた冊子である。最初の旅行で妻が作り始めたがとても重宝した。今回は予定先が膨大で、私が先に行き先をすべて表ソフトでリストアップし、ネットで調べながら情報や写真を入れ込んだ。妻がそれにホテルやAirbnb、目的地の名前を日本語と英語、必要に応じて現地語で、住所、電話番号、日時など書込み3部印刷した。これは実際に役に立った。これだけ行きたいところが多いとても覚えきれない。また、歩き回っていると思わぬことで予定が狂うことがあるが、予定の組み直しも栞を見れば一目でわかる。その分、作成にはとても時間がかかった。

さらにリーフレットを20部印刷する。このリーフレットで自己紹介と、旅の予定、連絡先、ブログのアドレスなどを日本語と英語で書いておく。旅先で誰かに聞かれたとき渡すと細かい説明をしないで済む。

やらないといけないことが山積みでチェックリストを作って片っ端から潰していった。でも、いくつも失敗したことを現地で気づくことにな

る。

2か月間歩き回るのでその体力作りとさび付いた英語を回転させるため英語学習ソフトをiPadに入れて毎日ヘッドホンで聴きながら歩いた。

さらにアメリカの時はうまくいったので、旅行中ブログを上げることにして、その準備もした。

みんなにはブログを上げるから見てねと言って回ったが、途中で挫折することになる。

会社には2か月いないからネと、むりやり納得してもらった。

そんなこんなで半年はあっという間に過ぎた。

QR CODE

QRコード

この本では写真と文章だけでなく動画や、パノラマ写真も入れ込むことに挑戦している。

ただ紙の書籍の場合動画を入れるのは困難で、QRコードを使って読者の皆様が楽しめるようにしてみた。なお電子書籍の場合はQRコードをクリックまたはタップするだけで表示される。

今やいたるところで見かけるようになったスマホと二次元バーコード（QRコード）を利用する。このQRコードを読み込むには、スマホのほかに専用のアプリが必要。機種によっては最初からインストールされているものもあるが必ずしもうまく動作するとは限らない。

アイフォンの場合はApp Storeの「QRコードリーダー for iPhone」を、アンドロイドの場合はGooglePlayを開いてQR Droid Code Scanner（日本語）をインストール。このアイコンをクリックしてQRコードに合わせる。

なるべく、正面からピントがぼけない程度に離して合わせると、ページアドレスが表示される。それをタップすると動画なり、パノラマ写真をスマホで見られる。なお、背景色が薄い赤は動画で、薄い青の場合はTHETAで撮影したパノラマ写真。

写真と関連する動画やパノラマ写真はQRコードをその写真に添えて、関連がないものは記事の中に置いてある。

撮った写真はかなり多くて本には掲載しきれなかった。ブログで写真を載せている。

http://diary.chigasaki-city.com

絵本「あおだ すすめすすめ」（ベネディクト・ブラスウェイト作）は息子が3歳のころのお気に入りだった。イギリスを出た機関車がフランスやイタリアを走る話を何十回も読まされた。

当時、街を散歩しているとき息子が「この角を曲がるとフランスなんだよ」と話すので、そうかそうかと言いながら、「そのうち本当のフランスに連れて行ってあげるね」と囁いていたが、その約束を果たすことができる。今その話を息子にすると恥ずかしいと嫌がっているが、覚えていることに驚いている。

旅立ち（ロシア）
茅ヶ崎で七転八倒

7月21日(木)
JULY 21

旅行どころじゃない！

出発前夜、布団に入ってから歯茎の激痛に一睡もできない。でも自分が行かないと日本への航空券を持たない息子はイギリスで立ち往生してしまう。かと言って運転のおぼつかない妻1人に行かせるわけにもいかない。悶々として朝を迎えた頃には痛みは徐々に治まり、代わりに雨が降り始めた。

タクシーを呼ぶがすべて出払っていていていつ戻ってくるかわからない。仕方なくスーツケースにビニール袋をかけて妻と茅ヶ崎駅まで押して歩く。成田エクスプレスで成田まで行きそこで歯茎の痛み止めを買った。

01

行ってきます

Chapter
2
RUSSIA

Saint Basil'sCathedral
聖ワシリイ大聖堂

MOCKBÁ

モスクワ（ロシア語：Москва）は、ロシア連邦の首都。モスクワ州の州都でもある。赤い広場はロシア語で「赤い」を意味する『クラスナヤ』がこの名前の由来とされている。赤色がロシアでは「美しい」という意味もあり別名で『美しい広場』とも言われる。

出発の電光掲示板を見ると、あれ？ロンドン行きの飛行機がない。

便名で探すと「ローマ行」？あっ、でも経由がモスクワだからこれでいいんじゃない？モスクワで1泊だし。（妻）

アエロフロートでトランジットのモスクワへ向かう。機内で日本語は通じないがアテンダントのサービスはよく、食事は高級レストラン並みで、椅子はフルリクライニングにすればゆったり寝ることができた。

お腹の調子が悪くなった。何度もトイレに行き来していると、アテンダントが声をかけてくれるが言葉が分からない。すると、日本語ができる乗客を連れて来てコーラを飲むと良いと教えてくれた。少しすっきりする。

トラブル続きで先が思いやられる。（妻）

CHIGASAKI>>

MOSCOW

01/ 自宅、雨が降っているので玄関で撮る
02/ ビジネスクラス機内食 §*1
03/ 空港から出ないトランジットの場合こちらから出て空港内のホテルに泊まる。
04/ 空港の外のホテルに泊まるときは入国スタンプを押して出る。さもないと空港に逆戻りすることになる
05/ モスクワ パークインホテル Ω»1 P4500
06/ モスクワ アエロエクスプレス
07/ モスクワベラルーシ駅

02 §*1

03

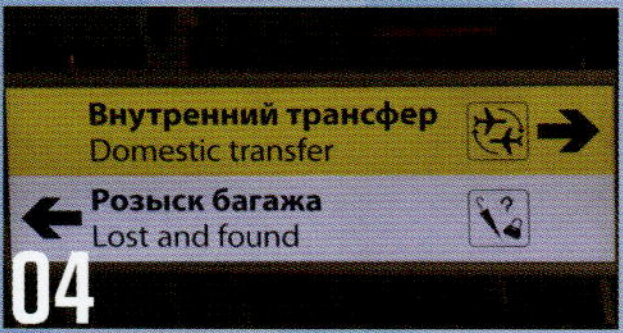

04

07

06

05 Ω»1

モスクワの夜は更けて

同じ日の3時ごろモスクワシェレメチエボ空港到着。

機外に出るとき何かチケットを渡された。パスポートコントロールに行き長い行列に並んでいると、先の方に短い列の窓口がある。もしかすればと行ってチケットを見せるとすぐ通してくれる。ビジネスクラス専用の窓口があるのね。知らなかった（妻）

小型三脚を機内に忘れる（最初の失敗）

空港の案内所で

「空港の外に出るにはどちらに行けばいいの？」

「空港の外には出られませんよ」

それじゃホテルに行けない。

「ビザをもっているけど」

見せると、彼女は急に立ち上がり

「ついて来て」

歩き出し、入国手続きのやり直しをしてくれた。それにしてもこの案内看板はわかりにくい。

今日の宿パークインホテルが目の前に見えやれやれと思うが、ホテルに行くバスを探しても案内が全てロシア語（キリル文字）でさっぱり読めない。見えるんだから歩いていこうと歩き出したがホテルへ行く道がない。しかたなくタクシーと思ったがどれもメーターが付いていないのに千ルーブルで負けてくれない。乗ったタクシーは行きつ戻りつして目の前のはずのホテルに着くまで2分ぐらい走った。

荷物を下ろし、赤の広場に行くためアエロエクスプレスの空港駅まで歩いて行くと駅と空港は通路でつながっている。タクシーに乗る必要はなかった。

ソ連共産主義のイメージが強かったので、こんなおしゃれな電車が走っているというのは想像もしなかった。

ところが乗り換えがわかりにくい。栞には駅名や目的地を書いておいたが、実際の案内がどれもキリル文字だけでまるきり読めないし、英語も通じない。警官が立っていたので尋ねると、間違えた方角を教えてくれさらに行きつ戻りつする。

ロシアに限らず道を訊くとほとんどの人は教えてくれるが正しいとは限らない。どうもヨーロッパの人は知らないと言うのがいやなようだ。

8時過ぎにようやくたどり着いたが赤の広場は抜けるように晴れ上がって、夕焼けに映える雲が見事だった。人々はそこで何をするでもなくぶらぶらと行き交っていた。

妻が作った猫（ちゅい）を広場において写真を撮っていると、おっさんが来て撮っていいかと訊いて来たので、頷くと、延々と撮っていた。

赤の広場を眺めていたら若いころの苦い思い出がわいてくる。（若いと言う字は苦いと言う字に似てるのね）

広場に面したショッピングモールГУМ（グム）に入る。2階建てであまり大きくはないが中はおしゃれで、ここでもロシアのイメージは大きく変わる。旅の初めであまり買い物はできないが、おもしろそうなものが多い。でも満足な食事ができる場所はなさそうなので他を探すことにする。

駅に戻ったところでシックなレストランСТАРАЯ БАШНЯ (Old Tower) を見つける。メニューを見るとやたら種類があり、どれがおいしいのかさっぱりわからない。ウェイターを呼んでロシアらしいお勧め料理を頼む。

料理はどれもあっさりしていても味が濃く、価格的にもこなれてサービスも日本とさほど変わらない。社会主義の時代の影はなかった。

地下鉄で切符を買おうとしていると、見知らぬ人からカードを渡される。なんのカードかと見ると、なんと夫のクレジットカード。

ロシアにも親切な人がいるものだ。旅が始まったばかりで、カードを失くしたら大変なことだった。お父さん、頼むよ。（妻）

地下鉄とアエロエクスプレスを乗り継いでホテルに戻ると11時を過ぎていた。

R/01

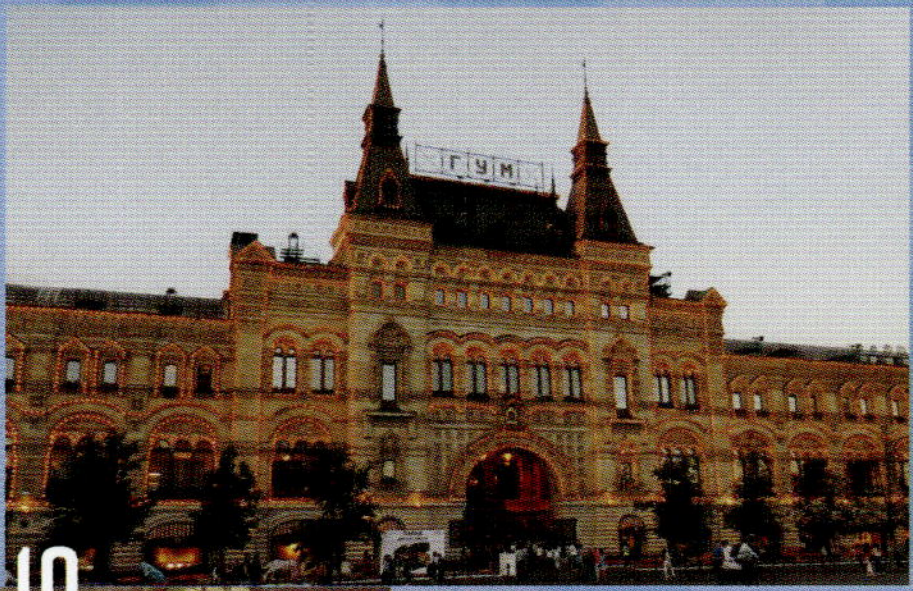

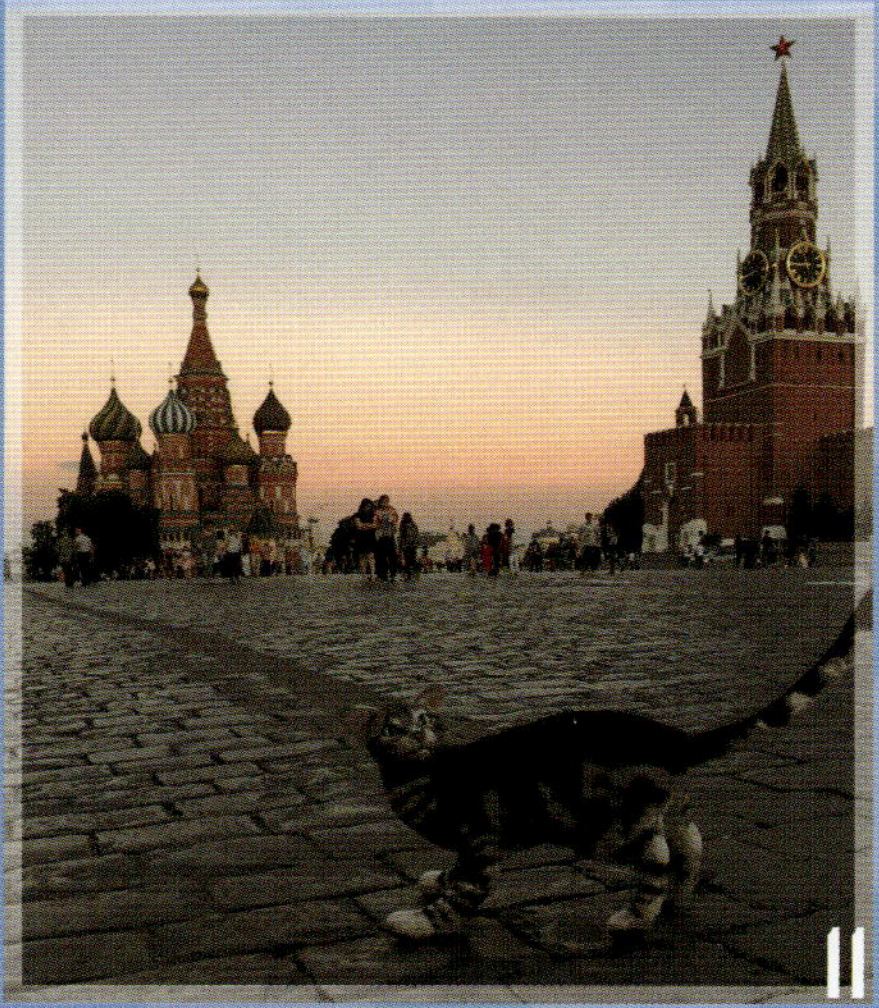

08/ モスクワ 地下鉄のエスカレーター、
聞いてはいたが長くて深いのでいい加減飽きる

09/ モスクワ 屋台のジャム屋

10/ モスクワ ショッピングモール ГУМ（グム）

11/ モスクワ 赤の広場、猫の名前は「ちゅい」

12/ レストラン СТАРАЯ БАШНЯ §*2 P2890.00

MOSCOW

イギリス

7月22日(金)
JULY 22

無料バスでシェレメチエボ空港まで行き出国手続きをする。
昨日このバスを知っていればあれほど苦労しなかった。

R/01

TODAY'S ROUTES FOR JULY 21, 2016

歩行距離 9.0 KM

CHAPTER
3
UK
United Kingdom of Great Britain and Northern Ireland

Summerhill School
サマーヒルスクール

SUMMERHILL

1921年ドイツのドレスデン近郊のヘルナウでA・S・ニールにより創立された学校である。翌年、学校はイギリスに移された。現在では、イングランドのサフォーク州のレイストンに居を移し寄宿学校、及び全日制の学校として初等中等教育を民主的なスタイルで提供している。最も古いフリースクールと言われ、世界各地のフリースクールの設立の際、モデルとなった。20年前までは日本人が10人以上いたが、息子が入らないと日本人がいないようになるぐらい減っている。代わりに中国人と韓国人がすごく増えたそうだ。現在、生徒数は70人ぐらい。

MOSCOW>> LONDON

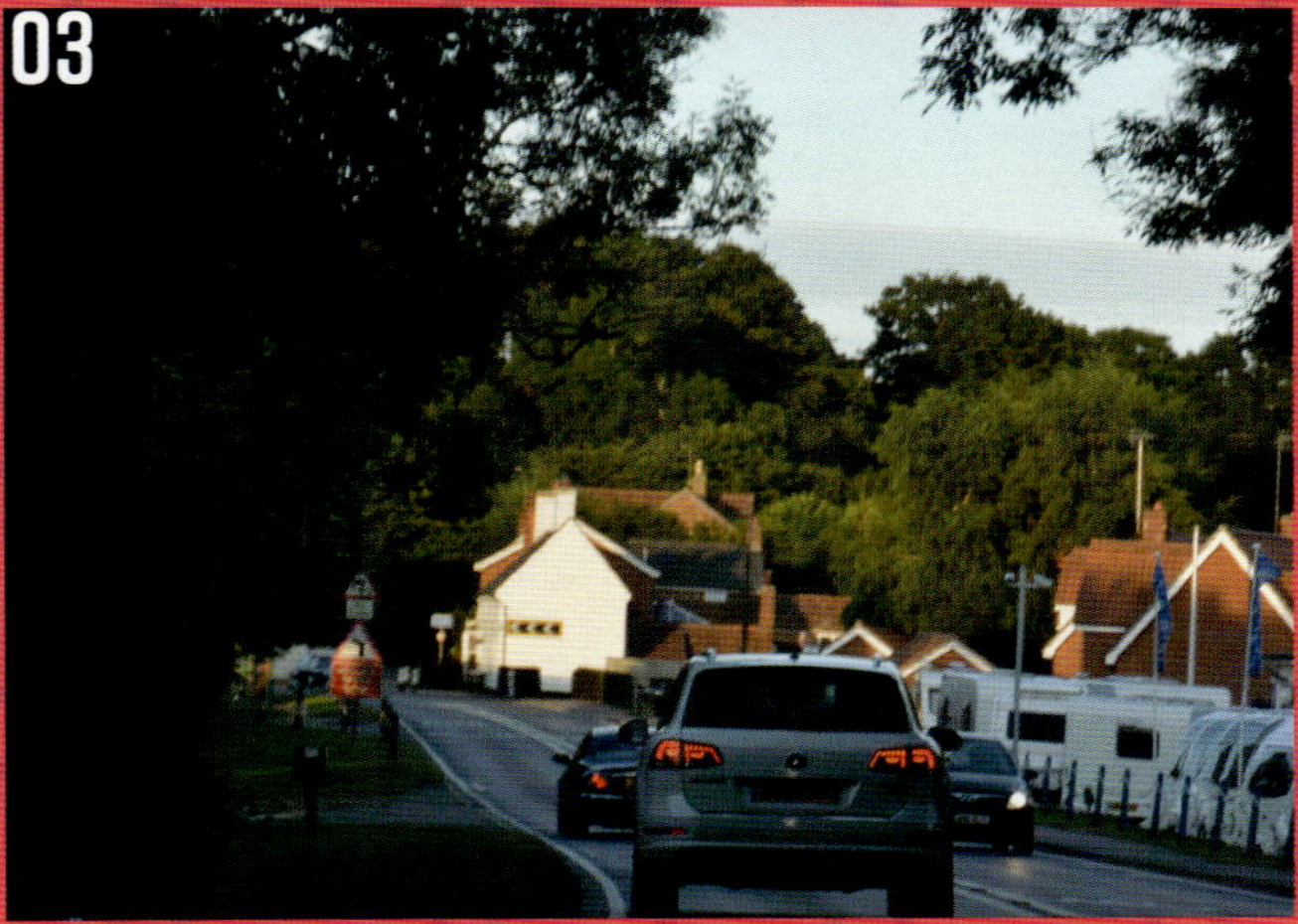

01/ アエロフロート機内食 §*3
02/ ロンドン　ハーツ営業所 £456.21
03/ ロンドン➡レイストン

ホテルのシャトルバスの案内板があるのに空港で気づいた。あ〜、昨日はなぜ気が付かなかったんだ。

空港の案内に英語が少なくて苦労するが、手続きは順調に進み定時に離陸し、ヒースロー空港に無事着く。機体や料理は悪くはなかったが、昨日のほうがよかった。

ロンドンでベンツ

キリル文字の世界から英語の世界に来るとまるで母国に帰ってきたような安心感がある。ただ1つでも分からない単語を見るとやはり異国だ。

ロンドンに着いて日本でテストしたMightySimとポケットWi-FiのGP02でインターネットに接続しようとするが、接続先が見つからない。

それではと空港の無料Wi-Fiに接続しようとするが何故かIDとパスワー

ドを要求される。次にイギリスの3（スリー）のSIMを入れたがそれも使えない。繋がらない時は3ストアに行けと説明書に書いてあるが空港には自動販売機はあるがストアは無い。ネットにつながらないから調べることもできない。

これは時間の無駄だとハーツレンタカーを探した。カウンターは見つけたが受話器だけで誰もいない。苦労して説明書きを読んでいると、イギリス人らしき人が話しかけてきた。え？と訊きなおすと受話器を取って話し、ついておいでと合図をする。

親切な人がいるものだと感激しながら荷物を持って行くと、バスストップで女性が1人で立っている。すぐ送迎バスが来て一緒に乗りこむのを見て分かった。奥さんをバスストップに待たせて送迎バスを呼ぶため案内所に来たら、私たちがいたのだ。

こんなに早くバスが来るのだからよほど近いかと思ったら20分ぐらいかかった。やれやれこれで出発できると喜んだら20人ぐらい順番待ちをしていて、そこからまた40分ぐらい待たされた。

フリーWi-Fiが使えたので待っている間3ストアを探す。いくつか見つかった中で道の途中にあるストアをカーナビに入れる。

順番が来て予約の紙を見せる。

「今メルセデスベンツしかない、ついては追加として20ポンド払って」

アメリカでもそうだったが、ハーツはどうも予約以外に追加料金を取りたがる。

「聞いてない、予約通りにして」

「カーナビもついているし」

「持ってきているのでいらない」

しぶしぶ予約通りの金額でいいと認めてくれた。

生まれて初めてのベンツ、ちょっとうれしいが、動かそうとするとシフトレバーがどこにもない。よく見るとマニュアル車で頼んだのにオートマだ。戻ってもう一度あの男と交渉するのは面倒だし、このまま行くことにする。

ウインカーわきに小さなパークドライブレバーを見つけ、ようやく外に出たときには4時になっていた。

サマーヒルスクールに向かって走っている途中カーナビのガーミンが突然ハングアップする。代わりにベンツのカーナビと格闘して目的地を入れる。英語でしかもマイルだからひどくわかりにくいが慣れると結構使える。

3ストアに寄るには遅すぎると気づいてレイストンに直行するが、ホワイトホースB&B（ベッドアンドブレックファースト＝安いホテル）に着いたときには8時を過ぎていた。

Ω»2

3年前と同じ部屋だ。浴室のドアを閉めようとするとノブがはずれる。なんで直さないの。

部屋に荷物を入れて、

「近くにレストランはある？」

ホテルマンに訊くと、

「タクシーで10分ぐらいのところに2軒ある」

よく訊くと3年前に聞いたのと同じレストランだ。3年たっても何も変わっていない。茅ヶ崎とはえらい違いだ。

PREZZOというシックなレストラ

ンで3年前と同じウェイターに3年前と同じサラダとパスタとピザを頼む。

おなかすいていたし、美味しかったのに残してしまうほどボリュームがあった。§*4

R/02

LONDON>> LEISTON

04/ レイストン B&B ホワイトホース Ω»2

05/ レストラン PREZZO §*4 £34.66

R/02

TODAY'S ROUTES FOR JULY 22, 2016

走行距離 221 KM 歩行距離 4.3 KM

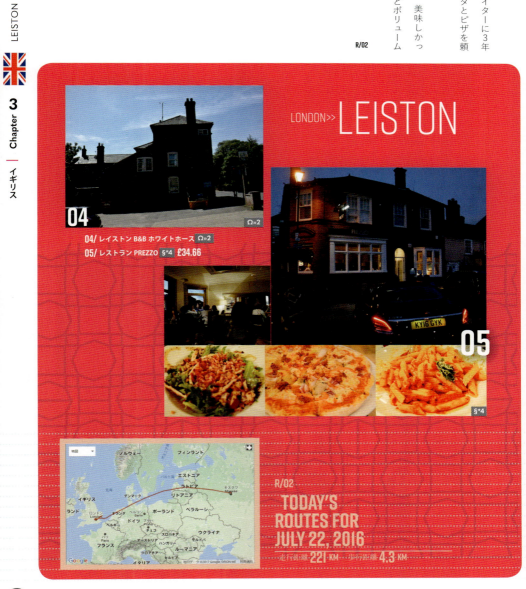

サマーヒルスクールの鮪

7月23日(土)
JULY 23

「たまには着替えろよ」

3か月ぶりに会った息子は羽田を出た時と変わらない姿で現れた。息子の部屋に行くとひどくとっ散らかっている。

「片づけたら」

「タームの終わりだから荷物を出しているんだ」

言い訳をする。

昼になってサマーヒルの食堂に行く。§*5

「まずいと聞いていたが、これなら問題ないんじゃないか」

「タームの終わりは親が来るのでいつもより美味しいんだよ」

突然ハッピーバースディツーユーを周りが歌いだす。きょろきょろしていると息子は「俺にだよ」、突然地鳴りのような揺れと音に仰天して振り返ると、みんな揃って自分の椅子を床に叩きつけている。息子はいつものことと笑っている。そういえば今日は息子の12歳の誕生日である。

息子にスクールの中を案内してもらってから近くのスーパーまで買い物に行く。

スクールに戻ると屋外ステージでメンバーやスタッフやOBが次々と演奏している。

1人が弾き語りを始めると周りの人たちが笑いこけてる。息子も腹を抱えているが私たちはさっぱり分からない。

「何を唄っている?」

「こんな簡単な英語が分からないんだ」

03

01

04 §*5

02

01/ サマーヒルで息子と会う
02/ サマーヒルスクール校内
03/ エンドタームの演奏
04/ 食堂のランチ §*5
05/ レストラン Mill Inn §*6
06/ エンドオブターム・パーティ　この企画から、装飾、運営まですべてメンバーが話し合いで行う。スタッフは原則手を出さない。

笑いながら

「何でお父さんは英語がうまいと思っていたんだろう」

ため息をついた。

「父さんだって2年間ここにいたら理解できるようになっていると思うゾ」

「そうか、そうだよね」

「で、意味は？」

「日本語で説明しにくい」

教えてくれなかった。

「夕食を外で食べないか」と息子を誘うとスクールの了解を取り、車でオールドバラ海岸まで行く。

スクールでは、外出時ネームプレートを外出側に移し、帰ってくれば戻すことになっている。息子は戻ってすぐ出かけるとき、プレートを一旦スクール内に動かし、すぐ外出側に戻していた。律儀なやつだ。

どのレストランも満席で海岸を彷徨い歩いてようやく1軒見つける。

§*6

歯茎が痛み出ししばらく休む。痛みが治まってから息子と注文をしに行くと、店のおやじは私と話そうとする。「は？」という態度を見て、息子とやり取りをして、君は英語ができるんだねと褒め、それに引き換えという微妙な目を私によこす。

スクールに戻ると、エンドオブタームのパーティをしていた。

「日本語のパネルがいっぱい貼ってあるね」

息子に訊くと、

「俺の誕生日だからじゃね」

今日は早く帰って明日迎えに来ると息子に伝えてホテルに戻った。

R/03

§*6

SUMMERHILL SCHOOL

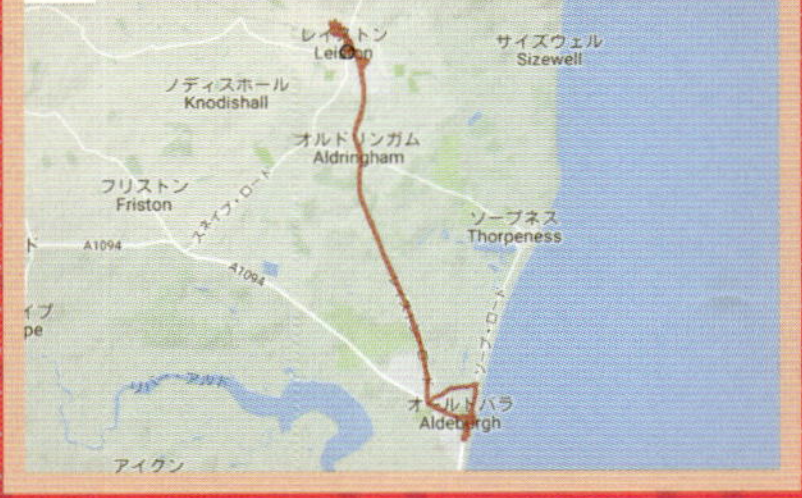

R/03

TODAY'S ROUTES FOR JULY 23, 2016

走行距離 16 KM 歩行距離 4.3 KM

7月24日(日)
JULY 24

人が魚河岸のまぐろのように地面にごろごろ転がっている。

部屋から寝ぼけた顔で出てきた息子が昨晩の打ち上げパーティで徹夜して、寝ているのだと教えてくれる。

スタッフとメンバー達が息子にどこに行くのだと聞いてくるので息子が説明している。そのあと息子と別れを惜しんでいる。

3人で行くヨーロッパドライブの最初の目的地、ケンブリッジ大学へ走り出す。

ケンブリッジの牛

ケンブリッジ郊外のパーク&ライドに車を停め、バスで街の中心に向かう。

昼、「わさび」という寿司のファーストフード店に入る。

SUMMERHILL SCHOOL

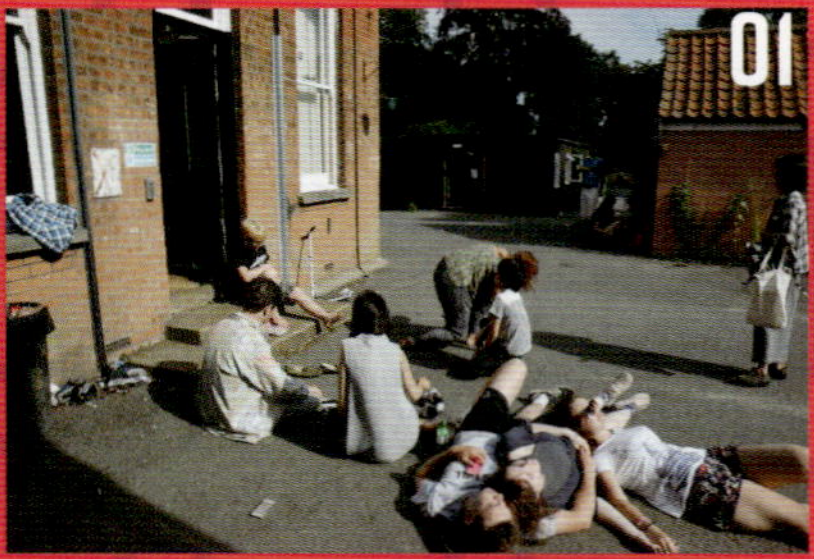

01/ 夜通し遊んで疲れて寝てしまったメンバーたち
02/ 別れを惜しむ息子とスタッフ

私と妻は巻きずしを息子はかなり大きいちらし寿司を取った。チラシだと思ったら刺身の下はすし飯ではなく生野菜であまり美味しいとは言えず残していた。§*7

店のWi-Fiで3ストアを見つけ、近くなので行ってみる。GP-02を見せてネットにつながらないと言うと、リセットボタンを押せばいいと教えてくれ、動いた。

ケンブリッジ大学の有名な数学橋を見ようと探しまわるが案内がなく迷う。

その橋がかかっている川には多くの船が出ていて学生と思わしき若い人が客を乗せて竿を操っている。その周りにはなぜか牛が何頭もぶらぶらしている。

野良牛？

3時になりパーク&ライドへ戻るバスの停留所を探しまわる。ようやく来たバスに乗ろうとすると運転手からこのチケットでは乗れないと遮られ、困っていたらまあいいかと乗せてくれた。

車でオクスフォードに向かう途次ベイナーズグリーンのラウンドアバウトでカーナビ2台から出口を出ろと案内されるが、どう見ても道に見えないので出れない。同じところを3度回るが抜けられない。このままでは永遠に抜けられないと一旦サービスエリアに飛び込んでようやく脱出する。トワイライト・ゾーンにはまり込んだ気分だった。

オクスフォードのハリーポッター

オクスフォードのパーク&ライドについてバスの時刻表を見て愕然とした。バスは月曜から土曜までは23時過ぎまでだが、日曜だけは18時30分が終バスで時計は19時15分、そもそもこんな時間に終わってしまうバ

04

03

LEISTON>>

KENBRIDGE

05

07

06

08

03/ オクスフォードやケンブリッジでは許可されていない車は入れないので郊外の駐車場と市街地をバスが往復している。

04/ ケンブリッジ　ワサビ　サンドイッチのサブウェイ風の寿司の店 §*7 £27.66

05/ ケンブリッジ大学の正門 (かも)

06/ ケンブリッジ大学のケン川

07/ ケンブリッジ 野良牛

08/ 数学橋　この川をケン川といいそこにかかっている橋からケンブリッジ大学といわれるようになったそうな

OXFORD

09/ パーク＆ライド
10/ オクスフォード大学 宿舎 Ω»3
11/ オクスフォード大学
12/ レストラン BROWNS §*8 £38.95

スって何?
タクシーを呼びたいところだがiPhone の電話がつながっていないし、ウーバーを調べたがこの周辺にはないという。途方に暮れていたら車が入ってきた。
やった、これで何とかなる
「バスがないんですが」
降りてきた男の人に話しかけると
「タクシーを呼びましょう」
電話をしてくれる。ものの5分もしたらタクシーが来て、今夜泊まるキーブルカレッジの前まで割り勘で行ってくれた。

•• バスがなくてラッキー

結果的にはバスより早く安く着くことができた。世の中はいい人ばかりだ。
カレッジでチェックインを済ませて、Ω»3 ホテルにお勧めのレストランを訊くと近くの BROWNS を奨めてくれた。上品な古いイギリスタイルで料理もとてもおいしい。 §*8

R/04

TODAY'S ROUTES FOR JULY 24, 2016

R/04
走行距離 312 KM 歩行距離 9.4 KM

Oxford University Canteen

オクスフォード大学　食堂

OXFORD

ハリーポッターの食事場面を撮影したオクスフォード大学のキーブルカレッジの食堂。オクスフォード大学はいくつかのカレッジの集合であり、キーブルカレッジもその１つ。

今回泊まったホテルはキーブルカレッジの学生寮だが、夏休み中はホテルとして提供されている。

01

7月25日(月)
JULY 25

ハリーポッターの食事風景の撮影で使われた、オクスフォード大学のキーブルカレッジの学生食堂で朝食をとる。夏休みの間は宿泊客たちがビュフェ形式で食事をしている。食事は普通に美味しいが、たぶん学生と思われるウェイターたちのサービスも丁寧で好感が持てる。

「ハリーポッターになったような気分を味わえたか」と訊かれたが、ほとんどの客がジーパンにTシャツ姿で、そこまでではなかった。

チェックアウトをして、ダウンタウンに出かける。

土産物や美術系のショップが並び、学生街らしい上品さと埃っぽさで歴史を感じさせる街だ。

軽くサンドイッチの昼を食べてパーク&ライドに戻る。

ソールズベリに泊まる予定だったが、妻から旅の最後のグリニッジ天文台を明日の朝にして、最後の日はロンドンでゆっくりしようと提案があった。そこで予定を変更して今日ストーンヘンジに向かうことにする。

ストーンヘンジ

ストーンヘンジに近づくと草原の中に例の石が見えてくる。そこを通りすぎた先にエントランス建物がある。長い行列を見て、「チケットを買うためには並ばないとダメなの」と係りの人に訊くとそうだといわれて我々も並ぶ。

20分ぐらいかかってチケットと日本語のパンフレットを買い、無料のシャトルバスでストーンヘンジの近くまで行き、写真を撮りながら1回りした。中国人集団がうるさい。

本当はストーンヘンジの中からパノラマ写真を撮りたいと思っていたが、柵があって触ることも中に入ることもできない。残念。

エントランスに戻ると、ミュージアムがあったので入ろうとするとチケットを確認される。ストーンヘンジを見るだけでミュージアムを見ないならチケットはいらない。「ストーンヘンジを見るにはチケットを買わないといけないの?」と訊くべきであった。

今日の泊まりのロンドングリニッジに直行する。

グリニッジの懐中時計

グリニッジ周辺に着き、インターネット検索でホテルを探し歩いたが数軒断られ、ホリデイインエクスプレスグリニッジに泊まることができ

オクスフォード大学

11 世紀の末に大学の礎が築かれていることから、現存する大学としては世界で 3 番目に古く、英語圏では最古の大学である。また、ハーバード大学、スタンフォード大学、ケンブリッジ大学等と並び、各種の世界大学ランキングで常にトップレベルの優秀な大学として評価される世界有数の名門大学である。2016 年 THE 世界大学ランキングで世界 1 位の大学に選ばれた。私たちが泊まったのはその中の Keble College

ケンブリッジ大学

総合大学、イギリス伝統のカレッジ制を特徴とする世界屈指の名門大学である。オクスフォード大学の先生たちがなぜか揉めて飛び出してケン川のほとりにここがいいだろうっと作ったと言われれている。以来、英語圏ではオックスフォード大学に次ぐ古い歴史をもっている。

UBER(ウーバー)

スマホから UBER をたちあげ、クレジットカードを登録し、検索した。目的地を聞かれて住所を入力すると、概算見積もりが返ってきて、了承すると。しばらくして車がやってくる。タクシーでないのでどうやって見分けるのかと心配していたら、スマホの地図に車のイラストが移動して近づくのが分かる。さらに車両番号や運転手の顔写真が出る支払いはカード決済なので乗り降りの時に現金は使わない。

01/ オクスフォード大学朝食
02/ オクスフォードダウンタウン
03/ ストーンヘンジ遠景
04/ ストーンヘンジ £50.29
05/ ホリデーインホテル Ω»4 £111.99
06/ ホテルの中華レストラン §*9

ストーンヘンジ

円陣状に並んだ直立巨石とそれを囲む土塁からなり、世界で最も有名な先史時代の遺跡である。考古学者はこの直立巨石が紀元前 2500 年から紀元前 2000 年の間に立てられたと考えている。しかしそれを囲む土塁と堀は紀元前3100 年頃まで遡るという。なぜ建てられたかは現在でも謎である。

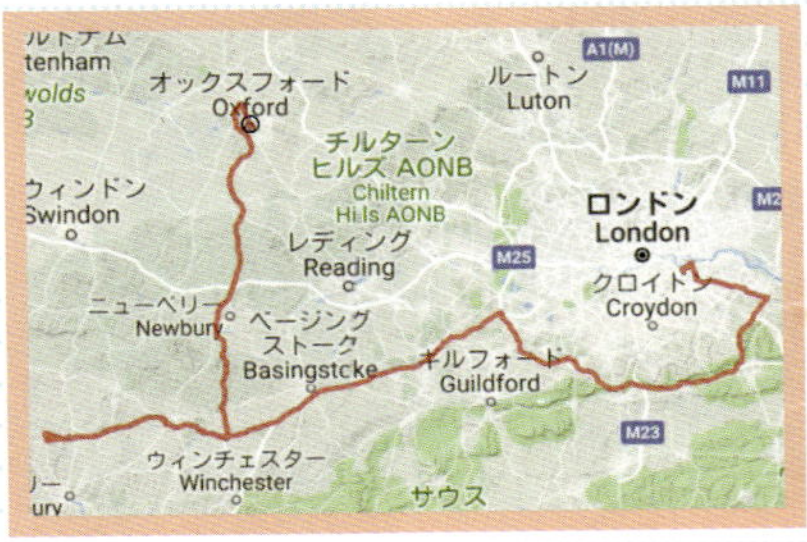

R/05
TODAY'S ROUTES FOR JULY 25, 2016

走行距離 322 KM　歩行距離 5.2 KM

た。Ω»4 8時過ぎていたので、夕食はホテルの中華レストランにした。§*9

R/05

7月26日(火)
JULY 26

グリニッジ天文台に来ようと思ったのは「経度への挑戦」を読んで感動したから。息子には緯度と経度の違いや正確な経度を割り出すまでどれほどの苦労をしたかを本の受け売りで語って聞かせる。息子も少し感動していた。

世界標準時が通る子午線を跨いで写真を撮り、記念に懐中時計を買う。

ロンドンヒースロー空港に行き、レンタカーを返却。

イギリスはシェンゲン協定に入っていないがほとんど何のチェックもなくスカンジナビア航空に乗り、乗継地のコペンハーゲンに7時過ぎに着いた。

コペンハーゲンの一夜

トランジットのためコペンハーゲ

GREENWICH

01/ グリニッジ　天文台
02/ 世界で最初の振り子でない機械式の時計
03/ ２番目の機械式時計
04/ ３番目の機械式時計はこんなに小さくなった
05/ グリニッジ子午線
06/ 購入した懐中時計
07/ ヒースロー空港
08/ コペンハーゲン Airbnb 夕食

クロノメーター・時計

大航海時代に入り、それまでは船は海岸をみて航海していたのが海洋を渡る必要がでてきた。陸が見えないから現在位置が分からず何度も難破していた。そのころ緯度はすでに分かっていたが、経度が分からない。正確な時計があれば経度を割り出せるが、船は揺れるので当時の振り子時計は使えない。船で使える時計に賞金を出したが、科学者の誰１人として作れない。それを、ジョン・ハリソンという無名の時計技術者が作り上げた。現在の腕時計の原型である。その結果は西洋以外の世界にとっては不幸の始まりだったわけだけど。

GREENWICH
Chapter 3 イギリス

Kopenhagen Airbnb

コペンハーゲン

DENMARK

KØBENHAVN

コペンハーゲン、デンマークの首都、大陸に国土を有しながら、島に首都があるのは、コペンハーゲンと赤道ギニアのマラボのみである。

08

ンで1泊する。本当はチボリ公園に行きたかったがどうやりくりしても行けなかった。

日本であらかじめスマホに登録しておいたウーバーを空港から呼んでみたが何度か間違えた末、何とか目の前まで来てくれ、住所を見せると宿のAirbnbまで連れて行ってくれた。ウーバーもAirbnbも初体験である。

家はしゃれた北欧風の一軒家で、部屋貸なので洗面所やキッチンダイニングなどはホストのMortenと共有で、寝室を1部屋だけ借りる。Mortenは息子たちと3人暮らしで、風呂はいかにも手作り感が溢れている。Ω»5

Mortenは私たちに、食卓のパンとチーズを好きなだけ食べていいと言いいながら自ら用意してくれた。私たちが食事している間、彼らはリビングでテレビを見ていた。

私たちが夜遅くついて朝早く出発するのでオーナーは少しがっかりしていた。今度コペンハーゲンに来るときはもう少し長く泊まるようにしますから許してください。

私がブログを書いている間にみんな疲れていたのかすぐ眠りに落ちた。

R/06

01

02 Ω»5

03

GREENWICH>> KOPENHAGEN

01/ コペンハーゲン、UBER
02/Airbnb Ω»5 ¥8948
03/ Airbnb のキッチン
04/ 翌朝コペンハーゲン空港出国

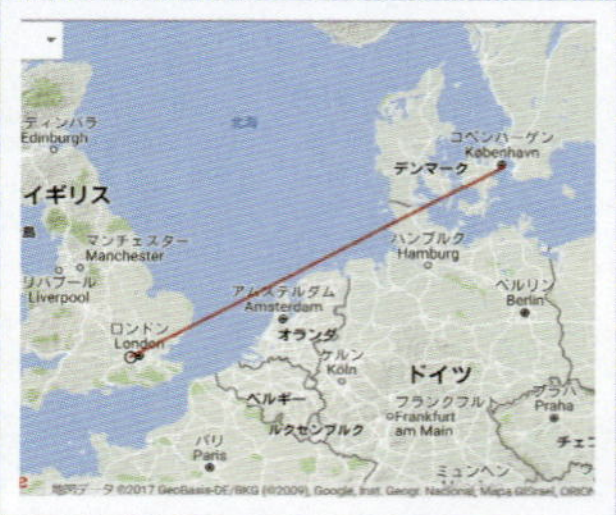

R/06
TODAY'S ROUTES FOR JULY 26, 2016
47 KM 6.0 KM

04

Chapter

4

ITALY

ROMA

ローマ（Roma）、イタリアの首都。『永遠の都』と称される。

バチカンという名称は、この地の元々の名前であった「ウァティカヌスの丘」(Mons Vaticanus) からとられている。カトリック教会の中心地となったのはここで聖ペトロが殉教したため。

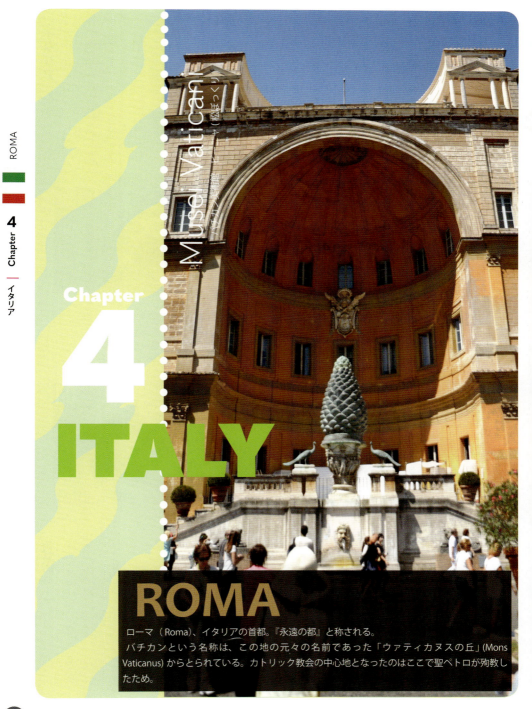

イタリア

7月27日(水)
JULY 27

「7時半!」妻の悲鳴に飛び起きた。

8時15分には搭乗しないとローマに行けなくなる。大慌てでスーツケースに荷物をねじ込み、スマホでウーバーを呼ぶ。目的地を訊いてきたので空港と入れると見積もりが出、了承すると5分以内に到着と表示される。

着替えて家を飛び出すともう車は来ている。Mortenも出てきて、私が謝ると気にしなくていいと握手をして別れた。本当に申し訳ない。

8時前には空港に着き、乗り継ぎのため出国の検査もなく無事搭乗できた。でも、Airbnbでカメラのメモリーカードを置き忘れた。

KOPENHAGEN>>ROMA

01/ 灼熱のローマ空港
02/ カフェで昼食 §*10 €13.50
03/ ローマ Fiumicino Aeroporto
04/ ローマ　特急終点、テルミニ駅

灼熱のローマ

ローマ空港に着いた瞬間目玉から汗が噴き出しそうな蒸し暑さにくらくらする。取りあえずパンとコーヒーで簡単に食事をする。§*10

空港でローマパスを買える場所を探し回った末、見知らぬ人が教えてくれ購入。

ローマはAirbnbに5泊の予定で、空港から特急に乗ってローマテルミニ駅、地下鉄に乗り換えマルコニ駅にたどり着く。

途中駅でカメラを構えると兵士が銃を突き付けてくる。ローマでは駅は全て撮影禁止だそうだ。ホームでカメラを肩から下げて電車を待っていると、見知らぬおばさんが「カメラは斜め掛けしなさい」と渋い顔して身振りで教えてくれた。

地図を見ようとiPhoneを出すとネットにつながっていない。ポケットWi-Fiが動いていないことに気づく。シムの3UKはロンドンとコペンハーゲンでは問題はあっても動いていたのにローマではインターネットを認識しない。そうなるとグーグルマップは役に立たないのでSygicで住所検索することでAirbnbの建物の前までたどり着けた。

Airbnbは大きいマンションの一室で鉄扉に鍵がかかっていて入れない。ホストに電話をしたが相手が出てすぐ切れてしまい、途方に暮れていると建物の中から若い男の人が出てきて鉄扉を開けてホストのLukeだと名乗った。Ω»6

このAirbnbは3室ぐらいの個室を別々の客（メンバー）に提供していて、キッチンやシャワートイレは共有になっている。Lukeは英語教師

05

06

07

ROMA

05/ Airbnbの前の通り、コインランドリーを探して
06/ コインランドリー
07/ スーパーマーケット
08/ サンドイッチとリブステーキ §*11 €25.60
09/ Airbnbの寝室 Ω»6 ¥31449 / 6 DAYS

09 Ω»6

08 §*11

だそうで息子としばらく話をしていた。

ダイニングやシャワートイレの使い方の説明をして、

「ほかに質問は」

「洗濯機は使える?」

「それは使えないが、近くにコインランドリーがある」

と場所を教えてくれた。近そうなのでそれでいいかということにする。

少し休んでから洗濯物を持って教わったコインランドリーの方向に歩いて行くが、いくら歩いても見当たらない。道行く人、誰に訊いても英語ができる人はひとりもいない。インターネットが見られないのでGoogleで検索することもできない。どうすりゃいいんだ。途方に暮れる。

そういえばと、iPhone の Google 翻訳にイタリア語をインストールしておいたのを思い出し、「コインランドリー」と入れて出てきたイタリア語の lavanderia a gettoni を近くのコンビニのおやじに見せると、身振り手振り交じりで教えてくれるが、イタリア語なもので皆目分からない。とりあえず指してくれた方に歩いて行くことにする。

途中で車を停めて降りてきた別のおやじに同じ画面を見せると、こっちだと身振りをしながら目的地まで一緒に行ってくれる。親切なイタリアおやじと Google 翻訳に乾杯！

コインランドリーには英単語ぐらいわかるおばさんがいて「洗濯はできるが乾燥はできない」と言う。理由は分からないが洗濯だけすることにして、その間食事でもしようと近くのレストランはあるかと訊くと「30分後に閉めるよ」と言われて「乾燥はだめ」の意味が分かった。

食事はあきらめスーパーをのぞいたりして時間をつぶし洗濯物を取りに戻る。

それにしても部屋からコインランドリーは結構遠かった。Luke は近くだと言っていたが、次からは何メートルくらいあるかと聞いた方がいいと思った。

帰りに食堂を見つけて、妻と息子はサンドイッチ、私はリブステーキを頼む。リブステーキは結構おいしくてサンドイッチで足りなかったらしく、3分の1ぐらいは息子が食べていた。§*11

部屋に戻り妻は洗濯物を干し、私はブログを書き、息子は先に寝た。

R/07

Sygic
スマホのナビアプリケーションで基本無料。国別の地図はダウンロードしておけば、インターネットにつながってなくても使える。ただし日本語には対応していないので最後の手段になる。

R/07

TODAY'S ROUTES FOR JULY 27, 2016

歩行距離 5.0 KM

7月28日(木)
JULY 28

ダイニングに行くと飲み物と食パンが用意されている。

「トースターはありませんか」と訊くと、「イタリアではパンは焼かないけど」と言いながら、でかいオーブンで焼いてくれた。

妻と息子は昨日のコインランドリーに行き11時ごろ戻ってきた。

コインランドリーで洗濯をすると、地下鉄の切符を買うお金がなくなるけどクレジットカードで買えばいいと、その間付近を散歩した（妻）。

今日はバチカンの美術館と大聖堂と、サンタンジェロ城を回る。

マルコニ駅で切符の自販機にクレジットカードを何度入れてもつき返される。窓口で訊くとキャッシュしか使えないと言われる。2人とも現

ROMA

01/ ローマ Airbnb の朝食 §*12
02/ ローマ市街
03/ 地下鉄
04/ バチカン市国の城壁

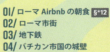

金はほとんど持っていないし、この駅や周辺には銀行も両替屋もATMもない。茫然としていたら次の駅まで行けば銀行があるからと改札扉を開けてくれる。

Basilica S.Paolo駅で降りてATMで現金を下す。

ATMのある銀行、洗濯の間に散歩していたところで見かけてた。トホホ…。

駅に戻りテルミニ駅で乗り換えOttaviano駅まで行く。そこで昼になったので息子の希望で日本料理店を探した。初めてのローマの寿司は中国風のSUSHIだ。§*13 かつ丼とラーメンもあったが、まずいというわけではないが、金を払って食べる程のものではなかった。

30年前バチカンには2回来て2回ともサンピエトロ寺院を見ている間に美術館の閉館時間が過ぎていた。先に美術館を見るべきだった。間抜けな話で、今回は先に美術館に入る。

バチカン美術館の入場料は1人16ユーロで子どもは8ユーロ。日本語のオーディオガイドを7ユーロで借りたが話が長くて途中で聞かなくなった。これはいらなかったかもしれない。

気が狂いそうに熱い中、長い行列をして入る。肌がじりじりと焦げていくのがわかる。

少しひんやりしているエントランスを通りぬけるとピーニャの中庭に出る。

次にローマ時代の彫刻が続いている燭台のギャラリーを通る。あまりに膨大で見きれないから、ざっと見るだけにする。

05/ 日本料理 SUSHI §*13 €40.50
06/ バチカン大聖堂
07/ バチカン美術館 燭台のギャラリー
08/ バチカン、ピエタ Michelangelo
09/ バチカン、システィーナ礼拝堂
10/ ピーニャ中庭　球体の中の球体
11/ サンタンジェロ城
12/ 聖ミカエル像 サンタンジェロの名前の由来だそうだ
13/ レストラン IL FICO §*14 €42

ROMA

06

12

11

08

09

10

13

§*14

続けて宮殿風の造りの廊下に各国からの贈答品が並んでいる。講釈を垂れるほどの知識もなく、

「どれか1つでも家にあれば家宝だね」

「こんなでかいものいらない」

息子と他愛もないことをいいながら進む。

順路に従って歩いているとシスティーナ礼拝堂に入る。そこは大勢の人が天井を見ている。なんで見てるんだろうと思ったら有名なミケランジェロの天井画だった。

いったん外に出てからサンピエトロ寺院に入る。ミケランジェロのピエタなどを一回り見る。彫刻だけで100体以上ある。とても見きれない。

息の詰まりそうな蒸し暑い建物の中から灼熱地獄に出て眩暈する。「ワンユーロ」と連呼して売る冷えた水が嬉しかった。

バチカンを出てサンタンジェロ城（ハドリアヌス霊廟）に歩く。サンタンジェロ城は中世神聖ローマ帝国の侵略からバチカンを守る砦として使われていた。そのためバチカンと城とは秘密の地下道でつながっているという説があるが事の真偽は分からない。

息子は城が好きで興味深そうに見てまわった。

7時になり、路地を歩き回ってパスタの店IL FICOを見つけるが、オープン席が空いてなく店内に入る。§*14 落ち着いたいい感じにもかかわらず、コックが口笛を吹きながらうろついていたり、ウェイターがジョークを飛ばしながら楽しそうに仕事をしている。日本では不真面目だと文句をつける人が必ずいる。パスタとピザを頼んだが普通においしかった。

宿に帰ろうとバス停に行き、運転手にチケットは買えるかと訊くと、そこのスーパーストアにあると指差す。その店に行くとうちにはない、あるとすればタバコ屋（タバッキ）だと言う。外に出てもタバコ屋はどこにもない。

困っていたらたまたまタクシーが来たので栞のAirbnbの住所を見せて帰れた。後でわかったがローマではチケットがなくてもバスに乗れるのだ。捕まるかもしれないが、その時は説得するか、外国人だから言葉がわからないふりをする手もある。R/08

R/08

TODAY'S ROUTES FOR JULY 28, 2016

歩行距離 7.4 KM

7月29日(金)
JULY 29

「まったくなんだってこんなに暑いんだ」

トレビの泉に行こうとチェルコマッシモ駅でバスを待っていたがなかなか来ないし、竈《かまど》の中のような路面の暑さにめげて、目の前のチェルコマッシモに向かって歩き出す。

チェルコマッシモはローマ時代の戦車レース（映画ベン・ハー）が行われたところだが、当時の建造物はみんな建材として盗まれて今はただの広っぱになっている。

2人とも「焼け死ぬ」と凍らせたミネラルウォーターを買って飲みながら、日陰を選んで歩いている。

30年前は「真実の口」に好きなだけ手を突っ込めたが、鉄格子を組んで入場料を取られるようになっている。中国人の長い列が写真を撮るため並んでいる。妻が時間がかかりすぎと嫌がるので入らなかった。

パラティーノに行こうとしたがその前にフォロ・ロマーノが見えてきたので塀を回りこんで入る。

ローマパスを見せると私は入れたが息子が通れない。係員は「18歳以下は無料だが無料パスがいる」と言われ、そんなこと聞いてないと言っても肩をすくめて見せるだけ。別のゲートに行き交渉すると、その人は「ここから入ればいい」と無料パスを渡してくれた。

遺跡の中に入り自ら実物を見て触れることで歴史的価値やスケールなどを体感できるのだと、偉そうに講釈するが、息子は暑さで目が虚ろだ。

フォロ・ロマーノの端まで来るとコロッセオが見えてきた。コロッセオも昔は誰でも自由に出入りできたが、今はチケットを用意しセキュリティチェックを受けないと入れない。

コロッセオは闘技場の4分の1程の床を張り、壁の一部は当時の状態に復元している。

でも昔のほうが良かったと思うのも歳のせいからかも。

コロッセオを出てからAcquistoで遅い昼食にする。イタリアに来てピザばかりでいい加減飽きているが、やはり本場物はおいしい。チップを要求され、水まで観光地料金だった。

§*15

息子が美術館より古代資料館を見たいというので、クリプタ・バルビ

01/ ローマパス
02/ フォロ・ロマーノ

03

ROMA

03/ チェルコマッシモ Circo Massimo

04/ コロッセオ

04

考古学博物館に向かう。

バスに乗り込む時混んでいて、息子が眼鏡を落としたと前のおばさんが教えてくれた。ありがとうと言いながら拾い、なぜか開いていたポシェットに戻した。

博物館は発掘場所の上に博物館を遺跡を壊さないように建設し、遺跡発掘の状態と発掘された遺物を展示していた。モダンな建築と遺跡のコントラストがおもしろい。

バスと地下鉄を乗り継いで宿に戻った。

妻は洗濯物をもってコインランドリーに行った。

「近くの銀行で両替してきて」

コインランドリーで、細かいのがなくて50ユーロ札を出すと言われた。

むっとしながら向かいのスーパーで買い物してお釣りをゲットすることにする。

息子も買いたいものがないと言うので、水を買うことにする。

息子は、6本パックを買おうと言うが、重いので2本にする。1本0.17ユーロ。

レジで恐る恐る50ユーロ札を出す。

「これしかないの!?(怒)」

「これしかない」

「たったこれだけのものを50ユーロ札で買い物するなんてあり得ない!!」

あきれ顔で周りの客に叫ぶ。

息子も英語で応戦し、財布の中を見せてやっとお釣りをもらえ

ROMA

05/ ランチ、Cartast visa Acquist §*15 €47

06/ クリプタ・バルビ考古学博物館

07/ レストラン BELVISO MARIO §*16 €40.50
食べきれなかった

た。

「だから6本買おうって言ったのに〜」

息子がぼやく。

「大して変わらないじゃない」

「30円と100円は桁が違うでしょッ」

そ、そうかもしれないけど…

3人がかりでようやく1枚かたずけるが、残り2枚はとても無理、持ち帰りにしてホストに食べてもらうことにした。§*16

Airbnb の近くのタバッキでバスのチケットと水を買って帰った。

R/09

ピザの店で夕食にする。アンティパストが5品、ピザ、デザート+飲み物で40・5ユーロだから値段から見て大した量じゃないだろうと、3人前頼む。ところがアンティパストを食べたところで満腹になる。

「まさか、これからピザが3枚出てくることはないよね」

妻が心配そうに呟くが、大きなピザがどんと3枚置かれたのを見て

「…」顔を見合わせる。

§*16

R/09
TODAY'S ROUTES FOR JULY 28, 2016

歩行距離 8.5 KM

7月30日(土)
JULY 30

「げ」

スペイン階段を見てうめいた。階段に仮囲いがしてあるじゃないか。工事中である。

「せっかく妻と『ローマの休日』を演じようと思ったのにィ」

「なにそれ?」

息子は知らない。

スペイン階段をバックに写真を撮っておしまい。

「イギリスでは使えた3(スリー)がローマでは使えないんだけど」

3ストアでポケットWi-Fiとシムを見せる。

「イギリスの3とイタリアの3は会社が違うので使えません」

ちょっときれいな店員さん、すげない。

ROMA

01/ スペイン階段　工事中
02/ コンドッティ通り
03/ アラ・パチス、土門拳の写真展をしていた

01

02

03

「新しいシムを買って、入れてもらうことはできますか」

「もちろん」

にっこり笑う。

それならと新しいSIMをポケットWi-Fiに入れてもらう。セットしてテストするがダメらしく、男の人に代わるがやっぱりだめだと肩をすくめて見せる。

どうもGP02がダメっぽいので「スマホなら大丈夫か」と訊くと、「たぶん」と答えたので妻のスマホに入れてもらい何とかネットにつなぐことができた。さらにサービスともう1枚SIMをくれる。これが後で大変役に立つことになる。

アウグストス廟を見に行くがフェンスで囲われていて入れない。どうりで観光案内に何も書いてなかったわけだ。

北のポポロ広場に着き、双子の教会を見ると1つはフェンスで囲われて工事中だった。

広場に面したレストランキャノバ Canova Restrant で昼にする。テーブルに雀が飛んできて、パンくずなどを食べている。これは珍しいと写真を撮っていると、隣の見るからに上品そうな中年女性が蝿を追うように邪険に雀を払っている。笑える。

§*17

イタリアのレストランは勘定はテーブルでする。食事が終わればウェイターを呼ぶわけだが、これがなかなか来てくれない。やっと伝票を持ってきて支払いをしようとすると、今度は息子がその伝票を取り上げて、じっくり一つ一つ確かめてる。クレジットカードと伝票を渡す

05
§*17

04

06

とPINマシンをなかなか持ってこない。勘定したがっているんだから早く処理して、次の客を入れたほうがいいだろうと思うのだけど。

ポポロ広場から階段を上がってボルゲーゼ公園に行く。かなり広い公園で木陰の中に散策する人、横になっている人、セグウェイや自転車、四輪自転車、遊園地のバスのような乗り物などみんなで楽しんでいる。

バスでカラカラ浴場に行く。

「開いていますか」

辺りにもまるっきり人がいなくて窓口で訊いてしまった。

「1人6ユーロ」

ローマパスを見せると3ユーロになった。

08

ROMA

04/ ポポロ広場
05/ Canova Restrant §*17 €38.5
06/ ポポロ広場 ボルゲーゼ広場から
07/ ボルゲーゼ広場
08/ カラカラ浴場

07

中は半ば朽ちかけているが、浴場としては信じられないほど広くて、建物の高さも半端なく高い壮大な建造物である。

息子はそんなことより芝に撒いているスプリンクラーに興味を持って周りを走り回り、構造を一生懸命考えていた。

日差しが暑くて焼肉になりそうだとぼやく息子をなだめて、またバスに乗りパンティオンを見に行く。

以前来た時は、パンティオンの意味が分からず目の前を素通りしてしまった。調べたら、ローマ帝国がキリスト教に改宗した時、神殿を教会に再利用した。そのため神話時代の建造物が現在でもそのまま残されている稀有な建物であることを知った。

息子に説明したら、

「フーンそうなんだ。でも、きっと忘れるな」

入ろうとすると、ミサの時間だから6時まで待てと言われ、トレビの泉を先に見に行く。

5分ほど歩くと人の群れが見えてきたが、噴水が見えない。くそ暑い時になんでこんなにいるんだと自分のことを棚に上げぶつぶつ言って、隙間を縫うように写真を撮り、早々にパンテオンに戻る。コインを投げるのを忘れた。

途次、「あんたの名前を漢字で書くよ」と書いたビラを貼ったテーブルで中国人らしき人が暇そうに座っていた。

パンテオンは多少の補修はしているらしいが、瀟洒《しょうしゃ》で2千年の歴史があるようには感じない。

サンドイッチで食事をしてから、§*18 グーグルマップで帰りのバス路線を検索する。バスの使い方はだいぶうまくなった。ただ椅子が固くて、バスが石畳の上を飛び跳ねるので頭が痛くなる。

明日はローマ最後の1日。

R/10

R/10
TODAY'S ROUTES FOR JULY 30, 2016

歩行距離 12 KM

ROMA

09/ トレビの泉
10/ 商売する中国人
11/ パンティオン　外観
12/ パンティオン AC128 ローマハドリアヌスによって再建された
13/ パンティオン　オクルス
14/ サンドイッチレストラン §*18

7月31日(日)
JULY 31

「家に洗濯機があるのにもったいないでしょ」

妻がコインランドリーに行こうとしたらLukeのお母さんが声をかけてきた。洗濯物を洗濯機に押し込んで、持って行きなさいと丸いパンを3個くれた。

洗濯物を干してからコロンナ広場に出かける。

コロンナ広場には中央にマルクス・アウレリウスの記念柱があり、コルソ通りを挟んでギャラリーGalleria Alberto Sordiがある。

広場は厳重にフェンスで囲われていて、さらに警官や兵士がチームを組んで警戒している。そのせいか人はほとんどいない。

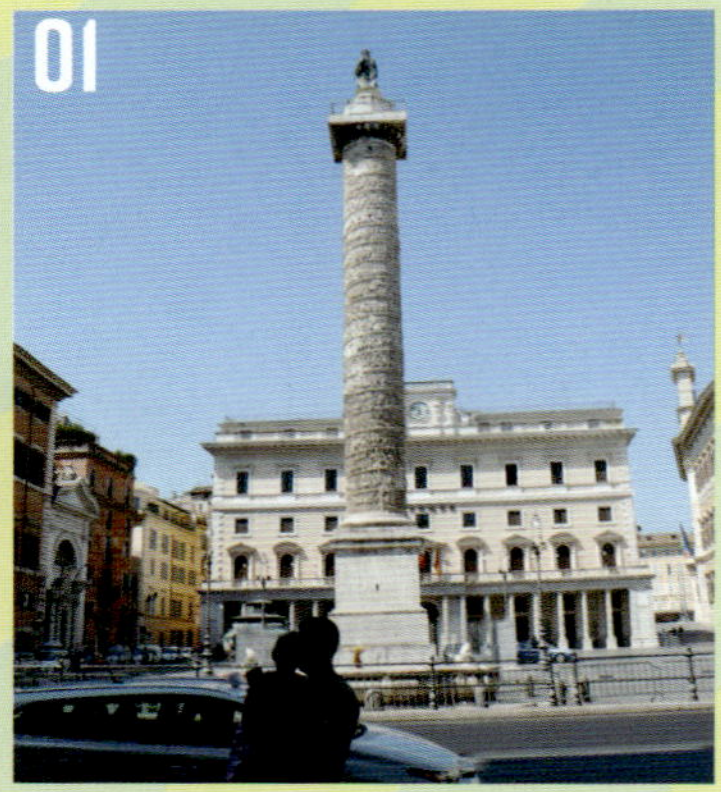

ROMA

コロンナ広場からトリトーネの噴水に向かって歩く。途中無印良品の店を見つけて靴下を買う。

Lukeのお母さんからもらったパンを食べようとベンチを探すが日差しが強くてとても我慢できそうもない。

トリトーネの噴水は予想したより小さかったが迫力は噂通り。ただ周辺には緑はほとんどなくカフェも売店もベンチもない。

うろうろとベンチを探して歩いているうちにサンタ・マリア・デッラ・ヴィットーリア教会に着く。中に入ろうとするが昼のミサ中で観光客は入れない。

前にあるビュッフェレストランで昼にする。§*19 素晴らしく美味しいわけではなかったが9・5ユーロとしてはまずまず。

ディオクレティアヌス浴場に向かい、地図やスマホを見ながら歩いていると、風変わりな建物に人が次々と入っていくのを見かける。表にBASILICAと書いてあり、その上に十字架がかかっているので教会だろうと思うが、壁が崩れかかっていて遺跡のようでもある。

中に入るとこれまで見たことがないと思えるほど色鮮やかな教会である。その聖マリア・デリ・アンジェリ教会は冷房が入っているわけでもないのに外に比べると静かで穏やかな空気が流れていた。

共和国広場を横目に通り過ぎ、おかしいなと言いながらうろうろ探し

04

01/ コロンナ広場
02/ トリトーネの噴水
03/ ビュッフェ・レストラン §*19 €28.5
04/ 聖マリア・デリ・アンジェリ教会

ていると、

「ディオクレティアヌスなら目の前だよ」

妻が指差す。

カラカラ浴場より大きいらしいが、展示物は多く並んでいるが、スケール感から言えばやはりカラカラ浴場の方がはるかに大きい。時間がなければカラカラ浴場だけでいいかもしれない。

外に出て確かこの辺りと国立考古学博物館を探していると、

「今出てきたディクレティアヌス浴場が博物館だと思うけど」

今度は息子が門扉の2枚の看板を見ながら呟く。

突然3つの予定が終わってまだ4時前だったので、予定外のサンタ・マリーア・マッジョーレ教会に行っ

05

06

ROMA

07

08

てみることにする。

大きくて入り口がどこかわからない。誰も入っていかない様子に中を見ることはできなかった。

最後にもう一度サンタ・マリア・デッラ・ヴィットーリア教会に戻る。途中で三越ローマを見かけて入ると、中は適度に冷房が効いていてとても快適、ただ店員も客もほとんど中国人で値札にもフランス語と中国語しか書いてない。時代の変化を感じる。

休憩室に真実の口のレプリカが置いてあったので、そこで息子や猫の手を入れて写真を撮った。

サンタ・マリア・デッラ・ヴィットーリア教会に戻ると、今度は入ることができる。中はこれまた豪華絢爛としか言えない。よくまあこれほど金をかけたものだと感心してしまう。

バスでテルミニ駅まで行き、駅の中のバールで簡単に食事をし、§*20 地下鉄で部屋に帰った。

帰ってから息子が財布がないと言いだした。どうもバスで眼鏡を落とした時すられたのではないか。かなりショックを受けていたがそれも人生経験だろ。

R/11

ROMA

R/11

TODAY'S ROUTES FOR JULY 31, 2016

歩行距離 6.9KM

8月1日(月)
AUGUST 1

昨晩は歯茎の痛みであまり寝られなかった。頭を抱えて起きてきたら、息子が鼻血を出していた。

Luke は早めに家を出ていて、Luke のお母さんと後片付けをする。いろいろ手伝ってもらったので一緒に写真を撮る。

別れを告げようとした時、

「あんたたちレンタカーはどこで借りるの」

「空港の近くです」

栞を取りだして見せる。

彼女は少し考えて

「今すぐなら送って行ってあげる」

「それは申し訳ないから」

嬉しかったが、一応遠慮する。

「今すぐなら大丈夫」

ROMA>>NAPOLI

01/ オープンヨーロッパ、ローマ出発
02/ サービスエリア MAC §*21 €14.90
03/ ナポリ ホテル Millenium Ω»7 €125
04/ ナポリ港、ヴェスヴィオ火山
05/ ナポリ ヌオーヴォ城

言葉に甘えることにする。彼女が書いてある引き渡し場所に電話で確認して、彼女の車で向かう。

建物から人が出てきてKatayama?と訊いてきた。そこでお母さんとはハグをして別れを惜しんだ。

書類は用意されていてパスポートを見せ、サインをすると男の人が車に案内し、操作も教えてくれた。でも彼の日本語にみんなびっくり、奥さんが日本人だと聞いてまた!。

右側走行に戸惑いながらガソリンスタンドまで行き、燃料を満タンにする。アメリカとおなじで、給油機ではクレジットカードは使えずカウンターで支払う。

高速道路に入り一路ナポリを目指す。寝ていた息子が突然鼻血を出し急遽サービスエリアに入る。

マクドナルドの注文が多国語対応のタッチパネルででき（日本語はなかったが）とても便利だ。§*21 2時間ほど息子の体調の回復を待ってまた走り出した。

運転を妻に任せてナポリの宿を探したが見つからない。市街地に入ったので運転を代わり、妻が安宿ミレニアムゴールドホテル Millennium Gold Hotelを見つけ行ってみると1部屋空いていた。Ω»7

ナポリの釣り銭

「ナポリ市街へ行くにはどっちに行けばいいですか」

クロークで訊くと少し慌てて、

「車で行くのはやめたほうがいい」

「タクシー呼んであげる」

電話を取って呼んでくれた。

タクシーを呼んでくれた意味はすぐ分かった。どの車もひどく乱暴で、二輪車などは歩道でも反対車線でも平気で通るし、数センチの隙間を割り込んでくる。やたらうまいがこれほどひどい運転は見たことがない。

降りようとすると運転手は山の上の夜景がきれいだとしつこく誘ってきたが断る。

港へ歩いて行く途次薬局を見つけ、歯茎が痛いとGoogle 翻訳でイタリア語で見せるとうがい薬を出してくれた。

ヌオーヴォ城が見えてきたが入り口がどこか分からない。工事中のバリケードを躱《かわ》しながら桟橋をたどって歩いて行くとヴェスヴィオ火山が見えてきた。その手前の港には巨大な客船が何隻も停泊している。ここがナポリ湾、これでいつでも死ねる。

さらに先に行くと卵城も見ることができたが、あまりに小さいのですぐにはわからなかった。

戻り路ヌオーヴォ城を左に回りこむと城の正面に出た。入ってみるとコンサートの準備をしている様子だ。特に見るところもなく後にする。

ナポリの下町をうろついたが、とてもしっとりしたいい街で、噂ほど汚くも危なくもない。

「寿司でも食べようか」

宿に戻りながら看板を見て息子に言うと

「外国で食べるSUSHIはおいしくない」

首を振るので夕暮れの街を少しさまよってみる。

Napoli, città vecchia

ナポリ 旧市街

NAPOLI

ナポリ（伊：Napoli；ナポリ語：Napule）はナポリ県の県都である。ローマ、ミラノに次ぐイタリア第3の都市で、南イタリア最大の都市。都市圏人口は約300万人。ヴェスヴィオ火山を背景とする風光明媚な観光都市で、「ナポリを見てから死ね（vedi Napoli e poi muori)」と謳われる。旧市街地は「ナポリ歴史地区」として世界遺産に登録されている。評判より治安もよく、人懐っこい。

オープンカフェのピザとパスタの店を見つける。そこのウェイターのおやじ、料理を並べると自分が座って食べるふりをしたり、別のウェイターとふざけて楽しそう。量はそこそこで味もイタリアらしいと言えばらしい。おやじはとても楽しかった。

勘定を頼むと23ユーロだったので30ユーロ渡すとしばらく戻って来ず、やっと来たかと思うと釣り銭を全部1ユーロ硬貨で持って来て、チップと言って全部持っていく。それはないだろうと思っていたら1ユーロずつ返しては行くので、3ユーロ返ってきたときもう残りはチップでいいよとあきらめた。 §*22

食べ終えてタクシーを拾って宿に帰ろうとしたら、運転手は横を見たり後ろを見たりしながらナポリの名所のところで説明をし始める。そこで写真を撮れとかこれは何とかだというのだが、ひどい片言の英語とイタリア語が入り乱れてよくわからない。それにしても、どのおっさんも楽しい人たちだ。ただ、お釣りを返す気配は全くない。

ホテルに戻りうがい薬でうがいをし、ネットにつなごうとしたがどうしてもつながらなかった。

R/12

お願い、まっすぐ帰って。

NAPOLI

06/ ナポリ オープンカフェ §*22 €23

R/12

TODAY'S ROUTES FOR AUGUST 1, 2016

走行距離 248 KM 歩行距離 2.7 KM

8月2日(火)
AUGUST 2

10時ホテルをチェックアウト。

曲がりくねった道を走り、ポンペイに11時着。

ポンペイは人の波

以前は閑散としていてどこからでも入れた覚えがあるが、店と観光客の数が桁違いに増えている。炎天下入場のため長い行列で息子は死ぬ死ぬと騒いでいる。ようやく入れたが、メイン通りは団体が混みあっていて写真を撮るのに難儀する。外れるとあまり撮りたいものがない。

01
§*23

息子は暑いから次に行こうと騒いでいるが、妻の方は折角来たのだからと息子を無視してあちこち歩き回っている。

ポンペイの遺跡に現代彫刻のブロンズ像が置いてあるが、現代彫刻は決して嫌いではないし、それを見るために美術館に行くこともある。ただこの場では見たくないと妻に言うと「そう?」と答えた。

それ以外のポンペイは素晴らしい。目立たないように復元されている。ただ人の数が多すぎ。

外に出て入ったレストランはひどかった。観光地の近くの店には入るものじゃない。ポンペイで遅くなったので、直接アマルフィ海岸に行くことも考えたが、やはりソレントに回り道をする。

ソレントに帰れ

ソレントに夕方5時ごろ着いて街を散歩する。街は海から切り立った崖の上にあり、町の中に谷のような深い川があり底に不思議な建物が見える。でもどう考えても行けない。港に降りて行こうとも考えたがあまりに標高差があり、眺めるだけであきらめる。

鮮やかな夕日が落ちていくのを背にして、裏道をレストランを探して歩いていると、袋小路の奥のレストランの前に暇そうなおやじが座っているのが見えた。

「こんにちは」

おやじ、日本語だ。

「何が食べられるの」

「まあ入って見て」

おやじが先に入り、

「取れたての魚だ」

空の箱を差す、と奥から慌てて料理人らしき人が魚を持って走って来た。それを見て、パスタもピザも飽きたし、その店に決める。

新鮮な白身の大小取り混ぜた魚フライは、日本を出て本当に久しぶりに食べた素朴で上等な一品だった。

ギター演奏が始まり楽しく聴いていたが、懐かしい「帰れソレントへ」をリクエストする。

(これを聴きたいばかりにソレントに来たのだ)

柔らかく美しい唄を聴いていると、急に迫力のある歌声に代わる。みる

POMPEI

01/ ホテル朝食 §*23
02/ 凱旋門「名誉あるアーチ」
03/ ヴェスヴィオ通り
04/ 発掘作業
05/ 円形闘技場
06/ 住宅内庭園
07/ フォロの列柱の一部
08/ 公共広場フォロの列柱廊跡
09/ ポンペイ大劇場
10/ 居酒屋
11/ ポンペイ➡ソレント

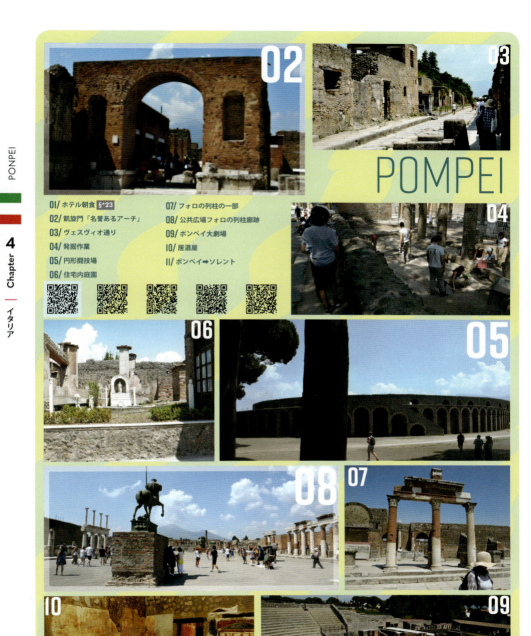

と先ほどのおやじがギターの隣で日本語で歌っている。どこで日本語覚えたのと訊くと笑って答えない。きっと日本人の彼女がいたに違いない。ソレントでパスタに飽きたらぜひ。

あまりに嬉しくてその後もギターを聴いて食事を堪能して店を出たときは10時近かった。 §*24

アマルフィは崖っぷち

アマルフィ海岸のホテルは12時までに着かないといけない。道は狭い急な九十九折りなのに路上駐車の列で、すれ違うのもむつかしい。

途中で息子が気持ち悪いと言い始める。道は狭いし、なかなか停めるところもなく、ゆっくりと急ぐ。途中で息子はついに戻してしまい。さらに時間がかかる。

宿には12時ぎりぎりに滑り込んだが、

「遅くなったので他の客を入れてしまった、案内するから代わりのホテルに泊まって」

さらに山奥に向かう。

ようやく宿に入れたが、妻は後始末のために遅くまで掃除と洗濯をしていた。 Ω»8

車はその後しばらく匂いが抜けなかった。

うがい薬が効いたのかこの後歯茎の痛みはなくなっていた。

R/13

13

SOLENTO

12/ ソレント港
13/ ソレント市街
14/Taveruna Alligra §*24 €60
15/ 帰れソレントへを歌ってくれた

14

15

§*24

R/13

TODAY'S ROUTES FOR AUGUST 2, 2016

走行距離 111 KM 歩行距離 8.4 KM

8月3日(水)
AUGUST 3

「海がない」

起きて窓の外を見ると猫の額のような畑しか見えない。アマルフィまで来たのに海が見えないじゃないか。ベランダに出て屋根によじ登ると、朝日に煌めく群青色の海と、その海に崩れ落ちそうな断崖が見えた。

妻が昨日の息子の後片づけをして、11時ようやく出発する。

エメラルドの洞窟は時間の関係でパス。

アマルフィ町に来ると入り口にPのマークがあるので寄ってみることにした。急で曲がりくねった狭い坂を「これすれ違えないんじゃない」と言いながら降りて行く。駐車場の目の前まで来たところで「満車だ元に戻れ」と言われ来た道を戻る。幸

AMALFI

01/ ホテル Bacco Hotel Ω»8
02/ ホテルの屋根から見たアマルフィ海岸
03/ ホテルの朝食 §*25 中田の写真
04/ ミノーリの海岸
05/ ミノーリ Risto Bar Antares §*26 €30.5
06/ マテーラ
07/ マテーラ Airbnb Ω»9 ¥7570

03 §*25

01 Ω»8

02

05 §*26

04

い対向車は来なかった。

ミノーリまで来ると駐車場が空いていたので停める。浜を散歩して息子は少し元気になったのでRisto Bar Antaresで軽い食事をする。§*26

蜒蜒《えんえん》と続く坂道を彼らイタリア人はかっ飛ばしている。こちらはおっかなびっくりと、息子の体調を考えてとろとろ走っているから、すぐ数珠つなぎになる。寄せられるスペースがあれば後ろの車を抜かせながら道を急ぐ。後でGPSの記録を見たらなぜか余計なところを走っていた。

アマルフィ海岸、また来たいかと訊かれれば、勘弁してほしいと答える。

アマルフィ海岸を抜けると緩やかなカーブになり、やがて高速道路に入る。マテーラの近くまで妻と運転を代わる。妻もマニュアルシフトと右側通行にだいぶ慣れてきた。

マテーラの工房

夕方の6時過ぎに着く。Airbnbの玄関に青いリボンが付いていてすぐわかった。Ω»9

夕食前の散歩に出かけようとホストのSerena（女性）に訊くとサッシがいいと教えてくれた。

サッシに行ってみてマテーラを舐めていたことに気づく。世界遺産を実際に見てもそれ程感激したことはないが、このマテーラは信じられないほど美しい。とてもイタリアとは思えない。一時サッシは貧民窟になっていたが歴史的価値を認めて1950年代に集合住宅を作ってそれまでの住民を移動させた。新しく越してきた住人は夢見る芸術家が多く、気さくな人が多い。

妻が洗濯のため宿に戻ったので、息子と2人で灯点《ひとも》し頃の街の姿を写真と目に焼き付ける。息子に黄昏時の写真の撮り方を教える。

道から少し下りた家で作業をしている男の人を見かける。

「やあ」

近づいて声をかけ、店か工場だかわからない建物の中を伺う。

「入っていいよ」

中には陶器や木の作品が転がっている。

「何か作っているの」

「工房だ」

「売ってもいるの」

「そう」

その工房（L'arte del Res-tauro）で少し話をして「妻とまた来る」と

MATERA

マテーラ 小作農民の住居であったサッシは、南イタリアの貧しさの象徴であったが、1950 年代に法整備を行いサッシ地区の住民を強制的に移住させた。この結果、サッシ地区は無人の廃墟と化す。しかし 150 以上の石窟聖堂や 3,000 戸ほどの洞穴住居、地下水路で各戸の貯水槽に上水を供給するシステムなど、ユニークな文化的資産が見直され、1993 年にユネスコの世界文化遺産に指定された。
現在は多くの芸術家がここに移り住んで活発な活動をしている。

Sassi di Matera
マテーラ　サッシ地区

店を出た。

妻と合流し戻りマグネットと木彫りのパン押しを買う。パン押しは明日までに作っておくというので頼んで店を出た。

ピザとパスタの店 Torat-toria del Caveoso で食事をする。アペタイザの野菜盛りが予想より多かったが新鮮でおいしかった。

R/14

08/ マテーラ サッシ地区

09/ Torattoria del Caveoso §*27

08

09

§*27

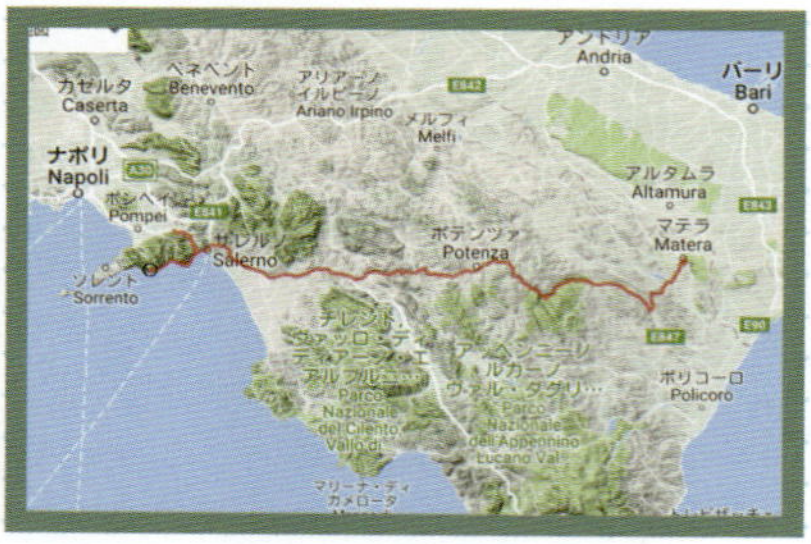

R/14

TODAY'S ROUTES FOR AUGUST 3, 2016

走行距離 145KM 歩行距離 3.6 KM

8月4日(木)
AUGUST 4

「マテーラ素晴らしい。また来たい」

10時に鍵を返しに行き、街の感想を告げるとSerenaは喜んで

「今度はぜひ連泊で来てくださいね」

「イタリア語を勉強して来たいと思ってます」

「イタリア語は難しいですよ」

「これ、お土産」

日本の土産を渡すと、

「お土産をもらったのは初めて」

また感激してくれた。

昨日の工房に行きパン押しを受取る。

マテーラを出てアルベロベッロに向かって淡々と走る。

MATERA

01/ Airbnb の Serena と

02/ 工房　L'arte del Restauro

03/ パン押し

アルベロベッロの日本人

アルベロベッロに近づくと次々と円錐の屋根が見えてきて楽しい気持ちになる。アルベロベッロに「陽子の店」があることを雑誌で見たので探す。入り口にデッキブラシを斜めに掛けている店を見つけ、いないのかなと3人で話していたら、店から「あ、いらっしゃい」といいながら出てきたのが陽子さんだった。

陽子さんは24年前にアルベロベッロに2、3時間の観光のつもりで来たら、イタリア男に口説かれて結婚し住みついたそうだ。

円錐の特徴的な屋根は税金対策だったと説明してくれた。屋上に行くことを勧められる。屋上は周りに同じ形の屋根が群れを成していて、まさにアルベロベッロの中心である。

その店でいくつか買い物をして、昼になったので陽子さんに近くのレストランを教えてと頼むと、陽子さんの息子さんがレストランL'Aratoro に一緒に行って、お勧め料理を教えてくれる。確かにとてもイタリアらしい美味しい店だった。

§*28

フェリーに間に合わせるため飛ばし気味で高速を走り、バーリに着くが乗り場が全く分からない。フェリーの申込書を見せるたびにあっちだこっちだと言われ右往左往する。

たどり着いたフェリーカウンターで申込書を見せるとパンパンと手続きをして船のほうを指差した。

一等客室にしたので2段ベッドではあるが4人部屋に3人でゆっくり寝ることができた。船の階段やロビーに若い人たちが毛布やエアクッションを敷いて寝ている。それを見

04

04/ アルベロベッロ 陽子さんの店
05/ レストラン L'Aratoro §*28 €49.50
06/ アルベロベッロ➡バーリ

ALBEROBELLO

05

§*28

06

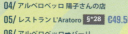

て若かりし時はできたがもう無理と、つくづく歳を感じてしまった。

サービスカウンターに行き

「Wi-Fiを使いたいけど」

「3時間3ユーロか24時間で5ユーロ」

5ユーロ払ってパスワードをもらうが1台しかつながらなかった。

出航してから夕食に行ったレストランは、ビュッフェ形式で味も量もまずまず。息子はうまいうまいと感激しながらスイカにかぶりついていた。§*29

この船で黒のショルダーバッグを買った。

青いガラスのような静かな海をエンジン音を響かせてギリシャパトラに向かう。

R/15

日本に持って帰れなかったが…。

ALBEROBELLO>>
BARI

07/ バーリ　フェリー €91.49
08/ フェリー受付カウンター
09/ フェリー船内ビュッフェ §*29
10/ 出航　静かな海

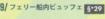

BARI>>
PATRA

Chapter
5

GREECE

Parthenon
アテネ パルテノン神殿

ΑΘΗ̂ΝΑ

アテネ、Αθήνα ; Athína; は、ギリシャ共和国の首都で最大の都市。

約 3,400 年の歴史があり古代のアテネであるアテナイは強力な都市国家であった。

現在は、観光以外に主な産業はなく、財政的に困窮している。

MAR ADRIATICO

01/ バーリ➡パトラ　アドリア海
02/ フェリー、ラウンジ
03/ 船室

ギリシャ
パトラで薬が

8月5日(金)
AUGUST 5

「あれ?」

ギリシャのパトラに着き、車を出そうとすると運転席の窓が開いている。閉め忘れたかなと言いながらも特に異常は見られず、順番を待って船の外に出た。

パトラの朝は晴れているが少し埃っぽい

今日はパトラからアテネ空港まで走り、そこから飛行機でサントリーニ島に行く。

「おや?・・・」

アテネ空港に向かって走らせていると妻が騒ぎ始めた。

「袋が変わっている!」

「薬やガムを入れといた袋がビニー

ル袋になってる」

「どういうこと」

「見て」

妻がビニール袋にきれいに詰められている薬を見せる。

「お店で買ったお気に入りの袋に酔い止めやガムを入れておいたの。それがこんな薬局がくれるただのビニール袋になっている」

たぶんドアポケットに入れておいた袋から袋とガムだけを取って代わりのビニール袋に入れたんだろう、フェリーのカーエリアは一般客が入れないのでクルーの誰かではないか。それにしても、日本語で意味不明な眠気防止薬などを几帳面に詰め替えてる姿を想像して少し笑える。

息子がヨセミテで買った帽子もなくなっていた。今更どうにもならないので、そのままアテネの空港に向かう。

酔い止めの薬を残してくれたのは助かったけど。

やたらと工事中の高速道はアテネ近郊まで来るとかなり完成している。それにしても頻繁に料金所で止まるのは面倒でかなわない。

アテネの笛

アテネ空港に着き、サントリーニ島へ行く国内線のゲートに並ぶ。

「この予約はねえよ」

若い男に予約券を見せたがにべもない。

「でも、ほら予約券があるじゃない」

「こっちじゃわかんねえから、チケットカウンターに行って訊いとくれ」

カウンターに回ると、

「キャンセルされてますね」

そんな馬鹿な、と思ったがないものはない。今日のチケットはないか訊くが「売り切れです」と言われあきらめるしかない。予約を変更しようとして間違えたということだろう。

明日から2泊する予定のAirbnbのGeogeに電話をして、今日から泊まれるかと訊くと8時ならOKといわれ、食事をしてから向かう。

今回のAirbnbはマンションの1室でまるごと借りきりである。部屋の前でGeogeに電話を入れたが双方が現在地を勘違いしていてなかなか会えない。何回も移動してようやく会えた。

妻と息子が部屋に行って話をしている間、外で待っていると通りがかりのおやじが私に何ごとか話しかけてくるが、半端な英語とギリシャ語で意味不明なやり取りをしばらくしていた。

部屋は3部屋もあり広いが、どうやらいつもは自宅として使っていて、急な話で慌てて片付けて開けてくれたらしい。駐車場はなくて路上に駐車する。

Ω»10

R/16

06

ATHINA

5 Chapter | ギリシャ

PATRA>> ATHINA

04/ パトラ港

05/ 残された薬の袋

06/ パトラ➡アテネ　ハイウェイ

07/ アテネ空港

08/ 昼食 §*30

09/ アテネ空港➡アテネ市内

10/ アテネ Airbnbn Ω»10 ¥8,060+€25 / 3 DAYS

R/16

TODAY'S ROUTES FOR AUGUST 5, 2016

走行距離 304KM 歩行距離 2.4 KM

8月6日(土)
AUGUST 6

シャワーを浴びようとするがお湯が出ない。昨日ホストはこのスイッチを入れればお湯が出る、使わない時は消してねと言われたが全然出ない。ホストに電話をすると意味不明な音楽が流れるだけ。仕方ないので妻が冷水で頭だけ洗って出かける。

その場で確かめるべきだった

アテネの街は落書が多く埃っぽく、あまりきれいとは言えない。

アテネ国立考古学博物館は結構広くて展示物も多く、知っているのだけ息子に講釈を垂れながら回る。

途中館内のカフェテラスでサンドイッチと、ピロシキ風のパンを食べる。§*32 もう少しサクサクした食感である。

シンタグマに移動する。以前、来たときは脚を振り上げる王宮の衛兵の交代がとても印象的だったので息子に見せたかったが、立哨しているだけでなかなか動かない。先にパルテノン神殿に向かうことにする。

客車を4両連結しているSL観光バスがシンタグマ広場の前に停まっているので料金を訊いて乗り込む。普通とろとろしか走らないSLバスが猛スピードで飛ばすので転げ落ちそうになる。

プラカを通りパルテノン神殿前で降り、入場券を買い私がルンルンと登っていると2人は木陰で息も絶え絶えになっていた。

途次、ディオニューソス劇場で猫を置いて写真を撮ろうとすると、ピーと笛が鳴る。振り返ると太ったおばさん係員がやめろと身振りしている。

「何んで?」

「遺跡の上に何も置いてはいけない」

「だって、遺跡の上を歩いているじゃないか」

「それはいいが、置くのはだめだ」

「こんな軽いもの、いいだろ」

と言おうとするがすごく怒っているのでやめる。

30年前に来た時は神殿の中まで自由に出入りできて、柱をじかに触れて感激したが、今は周囲にロープを張り、足場を組んでいて入れない。その割に状態は30年前と変わっていない。息子にも柱の太さを身をもって感じてもらいたかったが残念無念。

でも、3年前にアメリカナッシュビルの実物大神殿モニュメントを見た時、「アテネの実物を見に行こうね」と息子とした約束は果たすことができた。

私が夢中になって神殿の写真を撮っていると、2人は「暑くて死にそう」と言いながら日陰で水を飲んでいた。

アクロポリスの丘を降り、プラカを歩くと歩道に軒並みレストランのテーブルが出ている。呼び込みが次々声をかけてくるが、その1人が「中国人か?」と声をかけて来た。「日本人だ」と答えると、日本語のメニューを見せてくれた。

座って改めてみると機械翻訳のようで意味が分からないところもあるが、それでもギリシャ語よりは遥かにいい。味は美味しくもまずくもな

01

02
§*32

ATHINA

01/ 国立考古学博物館 /Artemision Bronze
02/ 博物館内 朝食サンドイッチとギリシャのパン §*32
03/ シンタグマ広場
04/SL 観光バス
05/ Lofos Likavitou
06/ ディオニューソス劇場
07/ アテネ ヘーパイストス神殿

03

04

05

06

07

く普通である。§*33

食事をしながらSLバスが来るのを待つ。

シンタグマ広場に戻ると、丁度8時の衛兵交代で、息子も見ることができて、衛兵と一緒の写真も撮らせてくれた。

駐車場から車を出して部屋に戻る。

Geogeに電話をして、給湯の件で連絡をとると、わかりにくい英語が返ってきたので息子に代わってもらう。どうも肝心のスイッチの下のスイッチを入れておかないといけないようで、さらにスイッチを入れて10分ぐらい待つといわれる。朝はお祈りの時間で電話に出れなかったと言っているが、なんの宗教だったんだろう。

言われたとおりにするとお湯が出

ATHINA

08/ パルテノン神殿
09/ プラカ商店街
10/ レストラン / 日本語のメニュー §*33 €45.50
11/ シンタグマ王宮衛兵

てきたので、明日はシャワーを浴びることができそう。

R/17

R/17
TODAY'S ROUTES FOR AUGUST 6, 2016
走行距離 8KM 歩行距離 2.4 KM

8月7日(日)
AUGUST 7

洗濯中、朝食しにカフェを探すが席がなくサンドイッチなど持ち帰り、部屋で食べる。§*34

今日は古代アゴラと博物館に行く。地下鉄1号線のAgios Eleftherios駅からMonastraki駅まで行き、古代アゴラに昨日買った入場券で入れる。ほとんど廃墟としか見えない瓦礫の中、風の塔やアタロスの柱廊やヘーパイストス神殿はきれいに残っている。

古代アゴラを出てすぐのレストランに入るが、あまりに量が多くて残してしまう。ここで椅子に掛けていた妻の帽子が無くなる。

ギリシャはイタリアに比べて消費税は高いが物価がだいぶ安い。§*35

アクロポリス博物館で昨日買った入場券を見せる。

「これで入れるか」

「ここは別だ」

「それならチケットを買いたい」

「どこから来た」

「日本」

「隣に行って」

隣に行くと、若くてかわいい女性が

「いらっしゃいませ」

日本語で話しかけて来る。

「料金は24ユーロです」

これもきれいな日本語。

「どこで日本語を勉強したのですか」

「インターネットで勉強しました。日本に行ったことはありません」

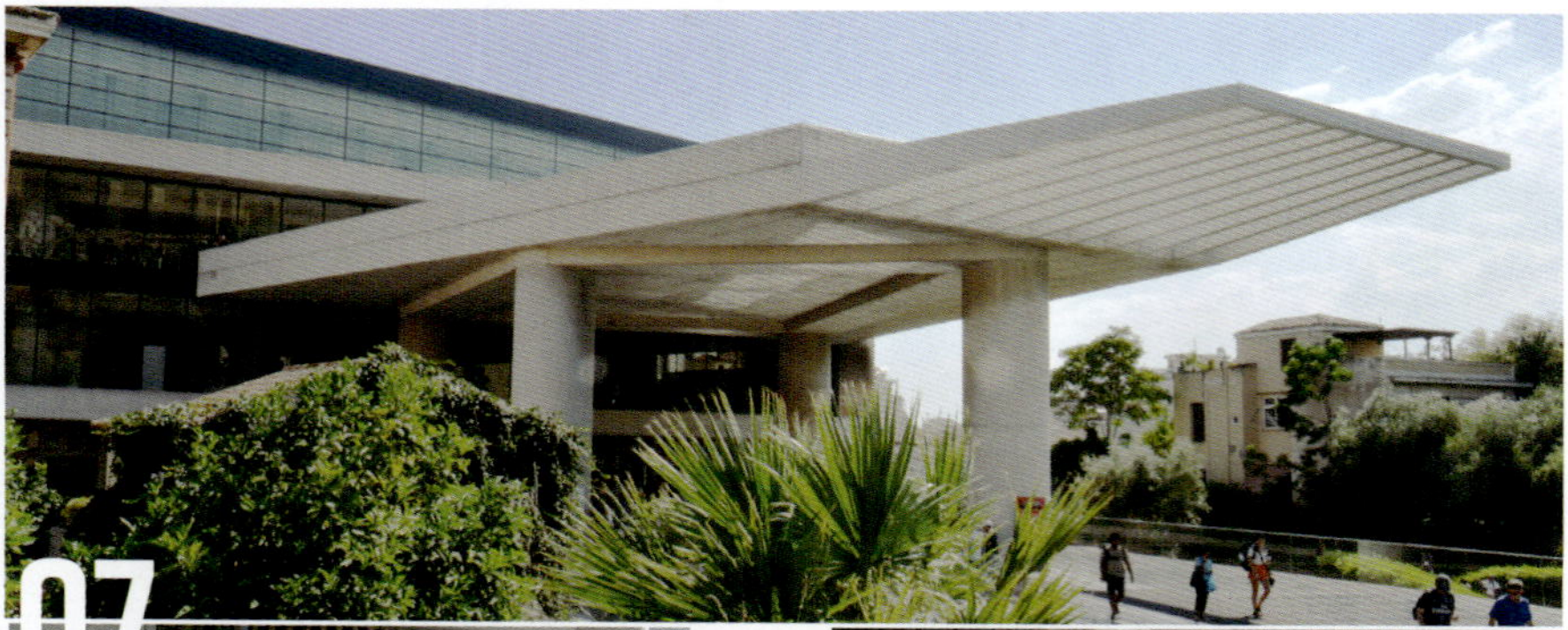

07

ATHINA

01/ 朝食 §*34 €6.70
02/ アテネ　古代アゴラ
03/ 風の塔
04/ アタロスの柱廊
05/ レストラン　§*35 €53
06/ 遺跡を縫うように地下鉄が走る
07/ アクロポリス博物館
08/ アッティキの丘 夜景

これほどうまく話せるようになるのだとたまげる。握手をしてもらうが、感動のあまり写真を撮り忘れた。

博物館は遺跡をまたぐように建設され、アクロポリスから出土した彫像や遺物を展示している彫像が数多くある。息子には本物を自分の目で見ることの大切さを伝えた。もう少しアクロポリスが時系列でどう変遷したかを分かりやすく展示してくれるといいな。それでも建築物として見てもとても素晴らしく、一見の価値はある。

地下鉄で帰ると8時過ぎていたが、Geoge に丘から見る夜景がきれいだと言われたことを思いだした。車でアッティキの丘まで行き、アテネの夜の帳が落ちていくのをみんなで眺めていた。

夕食はインスタント食品で済ませた。

R/18

TODAY'S ROUTES FOR AUGUST 7, 2016

走行距離 3KM 歩行距離 7.8 KM

R/18

8月8日(月)
AUGUST 8

Geogeへ鍵を返したいと電話すると「行けないから置いといて」と言われる。ピアノの上に鍵と1泊追加分25ユーロと日本からの土産を置いて10時出発。

30年前はギリシャはもっときれいで色っぽかった。今はみんな疲れているような感じがする。アクロポリス博物館は素晴らしいが、その金でパルテノン神殿を整備したほうが良いのではと思う。

サントリーニ島は見れなかったが、ヨーロッパ文明の原点を見れたことはとてもよかった。

パトラの風

11時半パトラ着。窓口で12時にゲートが開くからそれまでにチェックインするように言われる。チェックインカウンターでバーリでは必要がなかった、車検証を求められる。

まだ時間が早いのでゲート前のカフェで朝食を食べる。§*36

12時過ぎにトランクを開けて見せてゲートを通り、並んでいる車の後ろに付く。

・・・・

ギリシャは入国の時は簡単だったが出国は厳しい。

かなり待たされて、船内に入るのに1時間以上かかる。待ちくたびれた3時半、アンコーナに向けて出航する。

相変わらず日差しは強く海は静かだが、立っていると海に転げ落ちそうになるぐらい風が吹いていた。

01

R/19

02

03

§*36

01/ アテネ➡パトラ
02/ パトラフェリーチケット窓口
03/ パトラ カフェ §*36 €12.50
04/ フェリー船内
05/ フェリーからパトラ港
06/ パトラ 出航

04

05

06

AHTENA>>PATRA

07/ すれ違うフェリー
08/ パトラ➡アンコーナ── アドリア海の夕日
09/ フェリーの夕食 §*37

PATRA>>ANCONA

01/ パトラ➡アンコーナ── アドリア海の朝日
02/ フェリーの朝食 §*38
03/ アンコーナ─港

R/19

TODAY'S ROUTES FOR AUGUST 8, 2016

走行距離 212KM 歩行距離 4.2 KM

Chapter 6

ITALY

Piazza della Liberta
リベルタ広場 自由の女神

SAN MARINO

Serenissima Repubblica di San Marino

サンマリノは、1631年、ローマ教皇が独立を承認し、世界最古の独立共和国となり、現存する共和国としては世界でも最も長い歴史をもつ。小さいほうから5番目で、十和田湖程度の面積。

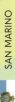

イタリア

8月9日(火)
AUGUST 9

午前11時アンコーナ入港。

アンコーナ港

パトラで早めにチェックインしたので出る時は最後のほうになりえらく待たされる。港を出てすぐサンマリノに向かう。息子が山道で酔うかと思ったが何事もなく到着。

サンマリノでお参り

Silvana ホテル Ω»11 に着いて荷物を下ろし、サンマリノ神社に向かう。神社は思ったより小さくなかなか見つからなかったが、無事お参りをすませ、食事のため市街地の車両進入禁止標識（ZTL）の前まで行く。

車を降りる時息子にカメラを持ってくれるように頼むが振り回して地面に落とす。見晴らしのいい場所で景色を撮ろうとするとおかしいことに気づく。どうも落とした時壊してしまったようだ。やむを得ずiPhoneで撮影をするが、先が長いので次のシエナでカメラを買いなおすことにする。

「新しいカメラ買えるからよかったじゃない」

息子がふざけると

「あやまんなさい」

妻がたしなめた。

三方見晴らしが利く坂のレストランで夕食にする。ギリシャより美味しいが、量は若干少なめ。§*39

市街地は昔の城塞都市で急な山の頂上にあり、その中に3つの砦がある。どの道も九十九折で上り下り散策するにつれ思わぬ景色が発見できる。東にアドリア海を眺める観光地としてはとても静かで落ち着いた街だ。土産物屋はモデルガンやナイフの店が妙に多いが、その1軒で「サンマリノ 永えに自由な国」という本と絵葉書と切手を買う。

GPS は途中で電池切れ。

R/20

R/20

TODAY'S ROUTES FOR AUGUST 9, 2016

走行距離 155KM 歩行距離 5.7 KM

SAN MARINO

06

04

サンマリノ神社

サンマリノの駐日大使が神道にはまり、ヨーロッパ唯一の神社をサンマリノに建立。

07

04/ アンコーナ➡サン・マリノ
05/ ホテル Silvana Ω»11
06/ サンマリノ、神社
07/ アドリア海を望む
08/ 夕食 §*39 €34.2

08

§*39

8月10日(水)
AUGUST 10

朝食ビュッフェして出かける。§*40 珍しく曇ってひんやりしている。

ホテルでもらった砦の半額券でチケットを1人€7・5で購入する。第一砦（グアイダ）と第二砦（チェスタ）は入れるが、第三砦（モンターレ）は外から見るだけ。砦の中は他で見た城とたいした違いは感じない。

リベルタ広場でレストランのテラス席で昼にする。と、雨が降りだし、雷が鳴り、石畳に飛沫が跳ね、茫然としていると篠突《しのつ》く雨になり、ついには店の中に避難しなければならなくなる。§*41

しばらくして雨は小降りになって来たが空気は冷え冷えとし景色は真っ白、景色は何も見えなくなる。

雨が上がり、自由の女神の前で記念写真を撮る。東洋人がほとんどいないので異国に来ている感じが楽しい。

政庁舎の中も共通チケットの対象になっているので入ってみるが特に興味深いものはない。

武器の博物館で鎧兜を見る。昔の人はこれらを付けて、槍を持って急な坂や城壁を駆け上り下りして戦っていたんだ、

観光協会を見つけて入国スタンプを1人€5で3人のパスポートに押してもらう。

いくつか美術館に入り、展示物を見てから昨日も入ったレストランでお茶をしているとまた雨が降りだし、急に冷え込んできた。そこでまた雨が収まるのを待つ。§*42

01 §*40

02

SAN MARINO

03

04

05

06

07

§*41

10
§*42

SAN MARINO

08

11

01/ ホテル朝食 §*40
02/ 第一砦（グアイダ）
03/ 第二砦（チェスタ）
04/ 第三砦（モンターレ）
05/ 第二砦から望む
06/ リベルタ広場
07/ リベルタ広場のレストラン §*41 €25.50
08/ 市役所
09/ 観光案内所 パスポートスタンプ
10/ カフェ §*42 €19.20
11/ 武器博物館
12/ ホテルのレストラン §*43 €28.35

09

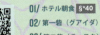

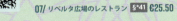

ホテルに戻りレストランで夕食にする。あまりおなかがすいていなかったので、お勧めを少し頼んだら、2人前の料理を3皿に分けて出してくれる。さっぱりしているにもかかわらず、めっぽうおいしく「ボーノボーノ」を連発。正直これなら3人前でもいけた。§*43

10時になっていたが城のライトアップを見ようと、眠いと言う息子を無理に連れて城塞地区まで車を走らせる。

途中で警官らしき人がさえぎって違う駐車場を指すので「何?」と訊くと「上の駐車場は満車でここに停めろ」と言う。そこから市街まではかなり歩かないといけない。眠い息子を連れて歩くのは無理と判断しホテルに戻った。

アテネのAirbnbから「帽子忘れているよ」とメールが来たが、送ってもらうほどのものでもなかったのでGeogeにプレゼントした。これで全員出発の時の帽子を失った。

GPSの保存で間違えてデータを消失。

R/21

§*43

SAN MARINO

R/21

TODAY'S ROUTES FOR AUGUST 10, 2016

走行距離 6KM 歩行距離 6.8 KM

Piazza del Campo

シエナ カンポ広場

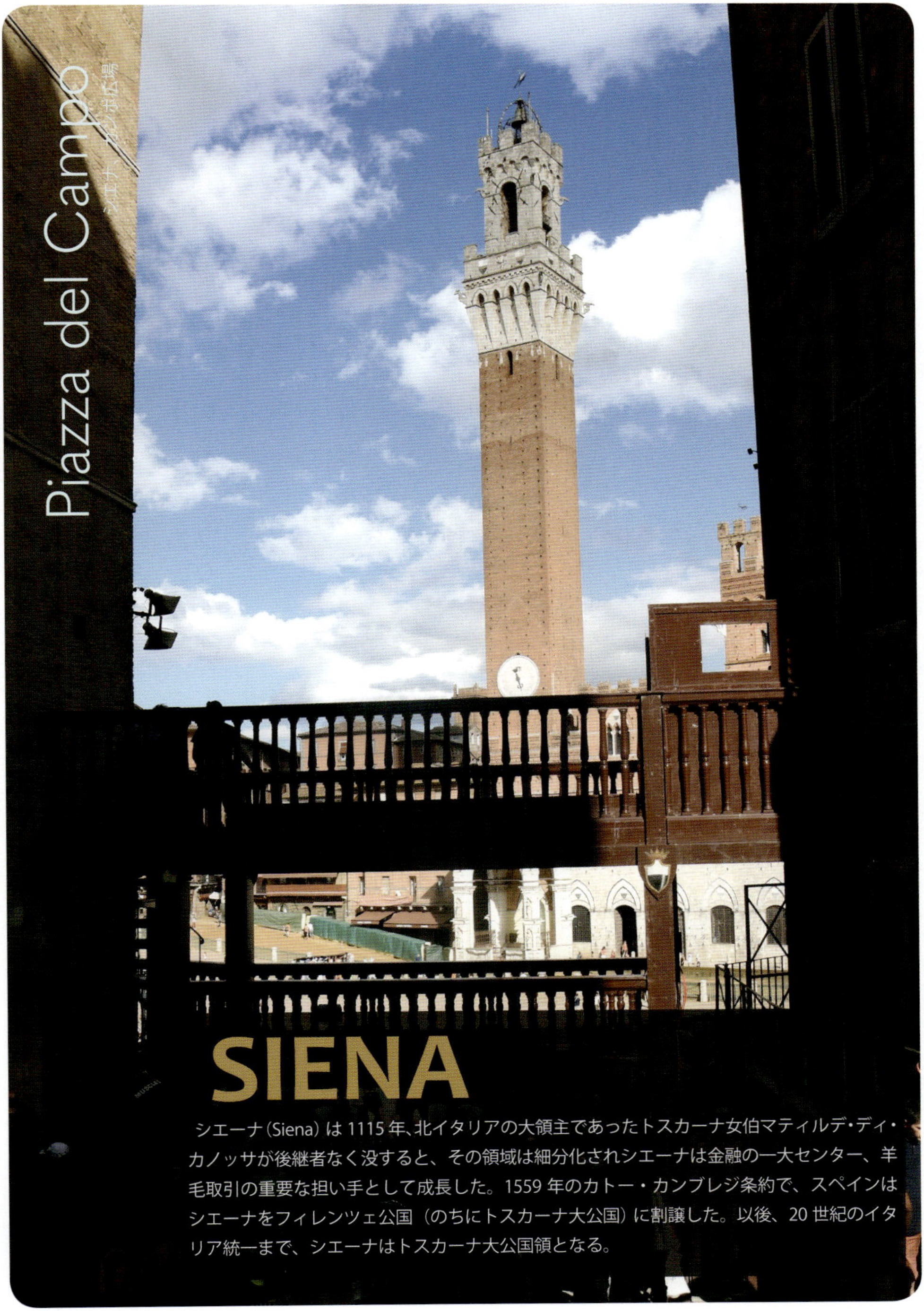

SIENA

シエーナ（Siena）は 1115 年、北イタリアの大領主であったトスカーナ女伯マティルデ・ディ・カノッサが後継者なく没すると、その領域は細分化されシエーナは金融の一大センター、羊毛取引の重要な担い手として成長した。1559 年のカトー・カンブレジ条約で、スペインはシエーナをフィレンツェ公国（のちにトスカーナ大公国）に割譲した。以後、20 世紀のイタリア統一まで、シエーナはトスカーナ大公国領となる。

8月11日(木)
AUGUST 11

10時半ホテルを出て一路シエナに向う。12時過ぎに途中のサービスエリアのレストランで食事をする。結構正統派のレストランで食べきれず少し残す。§*44

行きかう車もほとんどないうねうねした山道で、妻と運転を代わる。山道ドライブの経験が少なく、シフトチェンジがワンテンポ遅れるがエンストもせずに走り切る。

シエナでカメラ

シエナ近郊で3ストアに入り手持ちのシムを使えるようにしてほしいと頼むが、イタリアの電話番号がないと設定できないと断られる。

ニコンショップを狭いZTLの中の擦りそうな道を探し回ってようやく見つける。

「一眼レフを壊したのでボディだけ買いなおしたい」

「D7100ですね。」

店員は私のカメラを見ながら、

「D7100なら€980、D7200は€1100、どちらにします？」

少し迷ってから、

「この際だからD7200にしたい」

「電池はつけますか…」

あれこれ話していると途中でわからなくなり息子に「分かった？」と訊くと通訳してくれた。再び店員と話し始めると、

「あんたの言うことはよくわからないから、この子と話したい」

店員が息子とやりとりして、最後に私に向かって、

「どうして子どもの方が話せるのか？」

「彼は1人でイギリスで勉強中だから」

「だからキングスイングリッシュなんだ」

カメラの電池に充電してもらっている間、市内観光をする。

カンポ広場はすり鉢状になっていて、周囲をカフェが取り囲み多くの観光客でにぎわっている。広場とマンジャの塔のバランスが素晴らしい。

次にドーモを見に行くが、たいして素晴らしいとは思えない。あとで分かったのだが私が見たのはドーモの裏側で栞に写真を入れておかなかった自分のミステークである。

カメラショップで電池をもらう。

それでバンキ・ディ・ソプラ通りを通ってゴシック（正面）とルネッサンス（右）とバロック様式（左）の

01

SIENA

03

02
§*44

04

05

06

07

01/ サンマリノ➡シエナ

02/ サービスエリアのレストラン §*44 €25.80

03/ シエナ　カメラショップ

04,05,06/ シエナ、カンポ広場　ヨーロッパで一番美しい広場、すり鉢状になっている。

07/ シエナ市街

建物を同時に見ることができるサリンベーニ広場を見て車に戻った。

今晩の宿は決めていないので、話し合いの末サン・ジミニャーノまで進むことにする。

サン・ジミニャーノの夜

シエナから1時間ほどで5時過ぎにはサン・ジミニャーノに着く。路上駐車して旧市街に入りホテルを探す。最初に見つけたホテルは満室で断られるがチステルナ広場に面したところに2つある。初めに入ったホテル ADBERGO CISTERNA でダブルとシングルの部屋ならあるというので2部屋借りることにする。 Ω»12

「駐車場はある?」

ホテルマンに訊くと、

「ホテルにはないが周辺に有料駐車場がある。ホテルの前まで車で来て荷物を下し、駐車場に行って停めるといい」

車に戻りホテルからもらった地図を頼りにホテルのある市街地に入る。

シエナでひどい目にあったが、ここも狭くて両側擦りそうな石造りの建物の間をグネグネと廻り、袋小路で後ろのバンパーをこすってしまった。

門が狭くて通れそうもないから、そこから手で運ぼうということになり、息子に軽い荷物だけ持ってホテルまで行って様子見て来てくれと頼む。待っている間に何台か車がその門をするっと抜けて行くのを見て、なんだ通れるじゃないかと、息子が戻って来てから両側を見てもらいそろそろと通る。ホテルで荷物を下して、息子と一緒に駐車場に車を停めに行く。

ホテルは古い建物でエレベーター

08

SIENA

08/ シエナ　大聖堂の裏側
09/ シエナ市街
10/ サリンベーニ広場

09

10

はあるが降りてから何ステップもの階段を上がり降りしてようやく部屋にたどり着く。

部屋に荷物を置いて、3人でチステルナ広場に出るとすっかりあたりは暗く、外灯がいくつも点いている。そこにオープンカフェが並び、多くの人が酒と食事と会話を楽しんでいる。§*45

そのカフェの1つで食事を楽しんで、部屋に戻ると12時を過ぎていた。私1人でブログを書いてシングルで、2人はダブルの部屋で寝た。

R/22

SAN GIMIGNANO

11

12 Ω»11

11/ サンジミアーノ通り、一番賑やかな通り

12/ ホテル ADBERGO CISTERNA Ω»12 €160

13/ この門、他の車が通るのを見て抜けられた

14/ チステルナ広場のレストラン §*45 €31

13

14

§*45

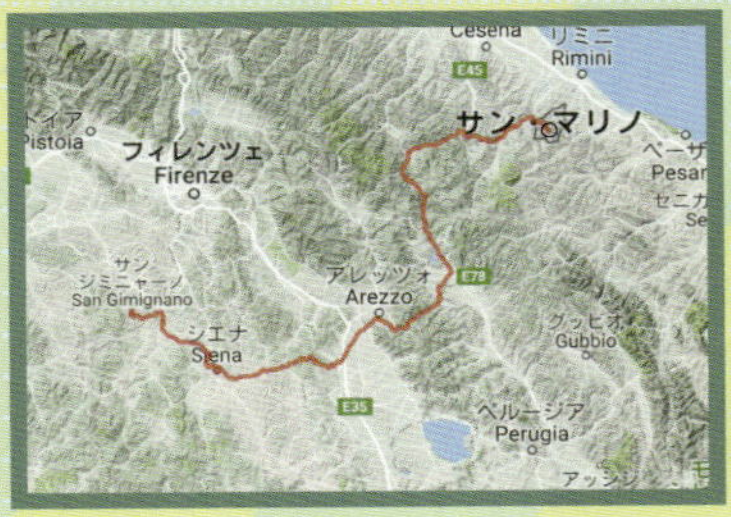

R/22

TODAY'S ROUTES FOR AUGUST 11, 2016

走行距離 238km 歩行距離 2.9 km

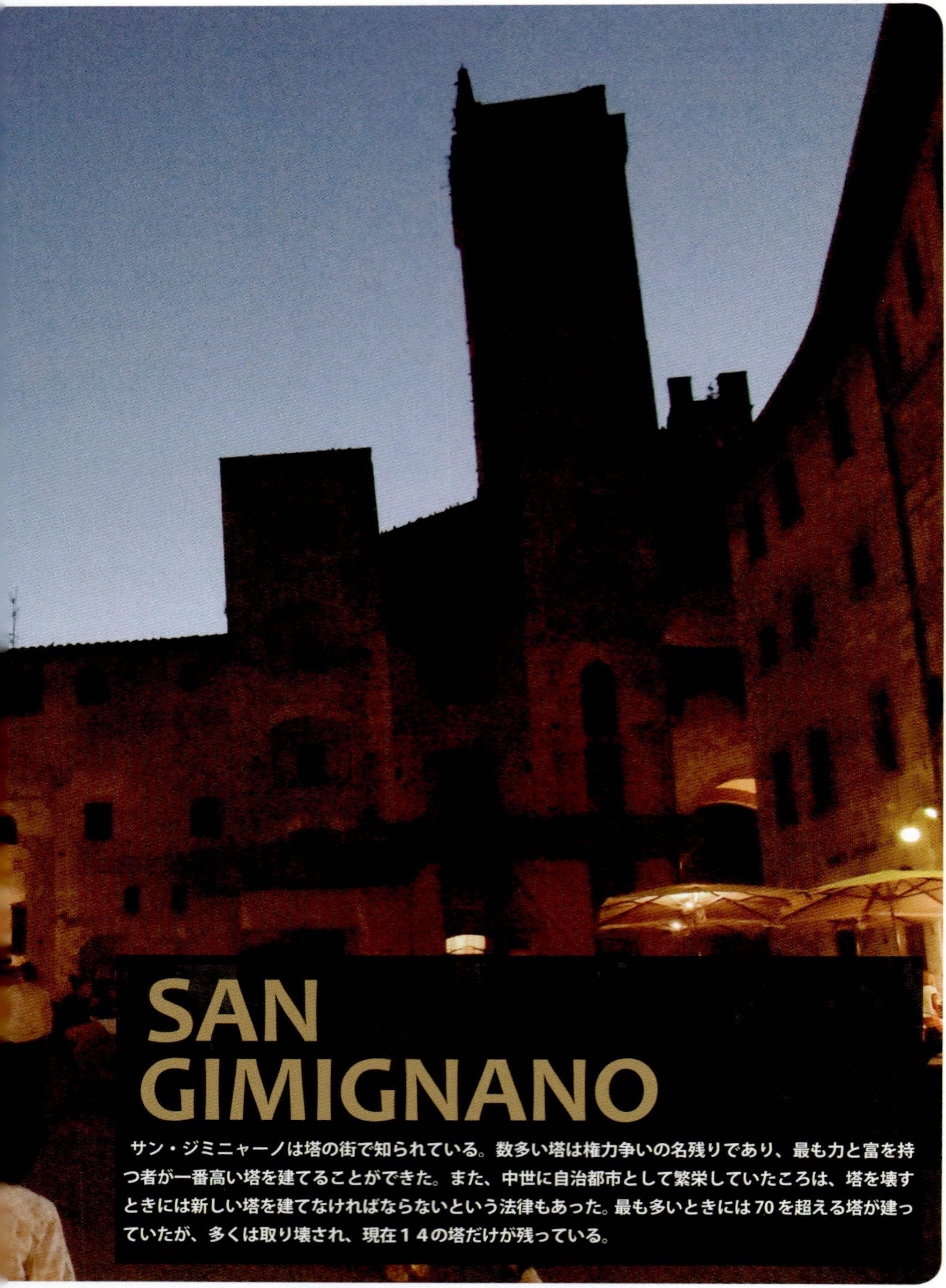

SAN GIMIGNANO

サン・ジミニャーノは塔の街で知られている。数多い塔は権力争いの名残りであり、最も力と富を持つ者が一番高い塔を建てることができた。また、中世に自治都市として繁栄していたころは、塔を壊すときには新しい塔を建てなければならないという法律もあった。最も多いときには70を超える塔が建っていたが、多くは取り壊され、現在１４の塔だけが残っている。

San Gimignano

サンジミアーノ

8月12日(金)
AUGUST 12

10時にチェックアウトして、11時まで街を散歩する。

マテーラやアルベロベッロ、サンマリノそしてここサン・ジミニャーノなどの小都市はローマやナポリ、アテネなど大都市と比べて住みやすそうに感じる。ほとんど落書きがない、治安がいい、人々が純朴でやさしい。マテーラは別格だが、ここも素晴らしい。

イタリアはどの街も共通した風情があり、石積みの家と大きな扉、どの家も床は石かタイルだ。ただその土地で良く採れる石を使っているので街ごとに微妙に違う空気を持っている。道はどこも複雑怪奇で、角を曲がるとどこかで見たような風景が見えるが、滅多に同じ場所に行きつくことはない。

子ども達は皆かわいいが、大人は若者より中高年に魅力がある。私は中年男性に魅力を感じ誰を見てもほれぼれする。中年女性は迫力があり存在感が際立っている。大阪のおばさんも迫力あるが、ここでは若い女性より中高年女性のほうが魅力があると思われていて自信が半端ない。次生まれる時はイタリアで生まれたいと思った。

小さい街でしばらく歩き回ると、特にみるべきところもなくなったので、ピサに向かう。

山道を抜け高速道路を制限速度を守りながら、速い車は避け、遅い車は追い抜く。そんなとき、どうも釈然としない「接触事故の謎」にあった。

ピサのサンシェード

ピサの有料駐車場に停めて駐車券

SAN GIMIGNANO

01/ ホテルの朝食 §*46
02,03/ サンジミアーノ市街
04/ サンジミアーノ➡ピサ

03

02

04

01 §*46

販売機で料金を入れようとする。わかりにくく、弄り回していると、サンシェードの束を持った黒人が近づいて来た。妙に愛想がいい。そして機械の使い方を教え始める。これはきっとサンシェードを売りつけようとしていると、無視しようとするが、どうしても金が入れられない。男の説明を聞いてやっとシートを手に入れ、ダッシュボードに置きに行こうとすると、

「サンシェードを買ってくれ」

案の定だ。妻は断ろうとしているが、無下にもしにくい。

「いくらだ」

「10ユーロ」

接触事故の謎

高速を走っていると突然バンと音と衝撃があり、なにごとだと思ったが、車の走行に異常があるほどではなかったので石でも跳ねたかと思ってそのまま走っていた。すると白い車が私の前に来てブレーキを踏む。私は変なやつだと思って左に交わして先に行く。するとその車の運転手が停まれと合図してくる。

非常停止エリアに車を寄せて止めるとすぐ後ろにその車が停まり、運転手が歩いてくる。イタリア語で何かわめいている。身振り手振りを見ると私の車と彼の車のサイドミラーがこすったということらしい。

100 キロ以上のスピードで走っている車の場合すれすれに走ることなど考えられない。でもイタリア語でやりあうのは到底無理。でも彼の車のサイドミラーを見るとガラスが割れてヒビが入っている。私の車のミラーにも白い傷がついていたが、そこは以前こすった覚えがある。

彼は紙に 180 ユーロと書いてよこす。そして時間がないとジェスチャーをする。面倒なので 100 ユーロと紙に書くと、彼は 280 ユーロだと書きなおす。無理と身振りで示すと、250 と書きなおす。それでも無視していると、200 と書いて、さらに 150 と消して書き直した。そして時間がないという身ぶりをした。

Google 翻訳を引っ張り出して、イタリア語で「現金はもっていない」と見せる。彼は私が書いた 100 ユーロを指差して、これでいいと身振りをするので、私と妻の持ち金をあわせて 95 ユーロを渡すと、OK と身振りをして握手をして走り去っていった。

私はどうも釈然としないままドライブを続けた。

1. 前にミラーをこすった時、妻が怖いと騒いだが、今回は何の音だろうと言っていた。
2. それにどっちがぶつけたかよくわからない。

最初 280 ユーロと言っておきながらあっという間に 100 ユーロにまけた。

3. この車はオープンヨーロッパの目立つナンバープレートを付けている。金持ちの海外旅行客を狙った詐欺かもしれない。
4. しかし自分の車と相手の車にこすった跡はあった。

新手の詐欺か本当に事故だったのか、今でも妻と2人の間では謎のままである。

PISA

05/ レストラン
§*47 € 34 イカ
06/ ピサ 斜塔
07/ ピサ 聖堂

「高い、5ユーロ」

「〇×△□」

何を言っているか分からない

「それなら要らない」

「5ユーロでいい」

5ユーロ払ってシェードを車にセットしシートを置いて離れる。男がピサの斜塔ならあっちだと教えてくれた。

斜塔に行く前に少し遅い昼食にする。

「フィッシュ料理と聞いたのにイカが出てきた」

妻が文句を言っているが、

「Fish＝魚ではない、英語では魚も貝もエビもイカも海の生き物はみんなフィッシュだ」

それにしてもこのイカ料理は極めておいしかった。§*47

例によって妻と息子が斜塔を支えるポーズで写真を撮る。中国人らしき団体が並んでみんな同じポーズで写真撮っているのがおかしい。

斜塔に入るためのチケットを買いに美術館に行くが、行列の時間を計算して間に合わないと入るのをあきらめる。30年前はすいていたが入らなかったが、今回は入れなかった。

車に戻る前に、コーヒーを飲みたいとオープンカフェに行く。§*48 その後車に戻ろうとするが道に迷い、制限時間を10分ぐらい超えてしまった。

車に戻るとあの黒人が手を振っている。

「時間オーバーで罰金になるところを料金を追加しておいた」

€0・2のレシートを見せてくれる。

「さっき買ってもらったサンシェードの吸盤をつけ忘れた」

吸盤を渡してくれる。1ユーロを渡して釣りはあげると言うと、喜んでいた。結構いい人なのかもしれない。

5時ピサを出てフィレンツェへ向かう。

フィレンツェの肉屋

フィレンツェのAirbnbの前で電話をする。2階の窓から声がしてホストのDavidが現れる。部屋は丸ごと貸し切りで、寝室と浴室（トイレと洗濯機）とキッチン、ダイニング、ベランダとホテルよりかなり広くて安い。ダイニングにはソファベッドがあって、私がここを使えば夜遅くまでパソコンでまぶしいとか、鼾がうるさいとか言われることもない。

PISA

08/ ピサ、カフェ §*48

09/ ピサ➡フィレンツェ

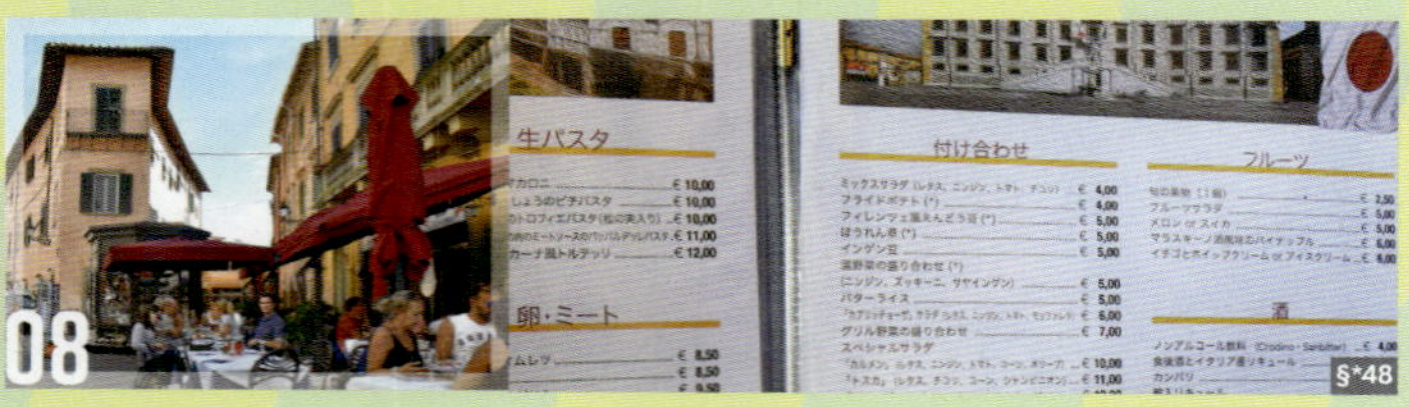

妻も今回のAirbnbには満足している。フィレンツェは3泊で洗濯もはかどり、妻の機嫌が良いことがありがたい。Ω»13

グーグルマップで和食を検索して「わびさび」というレストランを見つける。割とまともな和食を食べられるが、やっぱり中国人の店である。

§*49

そして今日最後のアクシデント、GPSルートの今日の分を間違えて消してしまう。復元しようとしたができなかった。

R/23

10

11 Ω»13

FIRENZE

10/ フィレンツェ市街
11/ Airbnb Ω»13 ¥23,705 / 3 DAYS
12/ WABI SABI §*49 €50

12 §*49

R/23

TODAY'S ROUTES FOR AUGUST 12, 2016

走行距離 188KM 歩行距離 4.3 KM

Brunelleschi
フィレンツェ ブルネレスキのクーポラ

FIRENZE

フィレンツェ（Firenze）はトスカーナ州の州都、フィレンツェ県の県都。
1569 年に、メディチ家の傍系からフィレンツェ公となっていたコジモ 1 世に、教皇ピウス 5 世の手でトスカーナ大公の称号がメディチ家に授与され、フィレンツェはトスカーナ大公国（1569 年 - 1860 年）の首都となった。コジモ 1 世は政庁（現在のウフィツィ美術館や、ヴァザーリの回廊などを建設し、今日のフィレンツェの景観を作り上げた。

8月13日(土)
AUGUST 13

「タバッキ？」

バス停で待っている初老の男性と若い女性は首を振る。

「チケットがないけどバスに乗れる？」

男性は身振りで、女性は片言の英語でバスの運転手から買えると教えてくれた。


バスの運転手にチケットを買いたいと頼むと、2ユーロといわれ3枚買う。チケットは黄色い箱に挿して時刻を打つようになっていて、それから数時間乗ることができる。だからバスを乗り継いでも時間の範囲内なら料金は同じだ。チケットがなくても乗ることはできるが、検札がたまに来ると罰金だそうだ。ただ、ヨーロッパにいる間1度も検札は来なかった。


そんなことはない、1回だけ来たことがある。

運転手に降りる停留所の名前を見せて大丈夫といわれたにもかかわらず、途中で方向が変わり慌てて降りる。


グーグルマップを見ながらサンタ・マリア・デル・フィオーレ大聖堂に向かって歩く。抜けるような青空の下、暑いというより熱くて焦げそうだが、日陰に入ると割と涼しくて長そでシャツを着てもいい感じだ。

少しずつ白と黒の縞模様が見えて来る。

「あれがドーモなの」

息子が指差す。

「あれはサン・ジョバンニ礼拝堂」

建物の陰からサンタ・マリア・デル・

FIRENZE

01/ バス停
02/ バス車内
03/ サン・ジョバンニ礼拝堂
04/ サンタ・マリア・デル・フィオーレ大聖堂

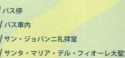

フィオーレ大聖堂が見えてくる。大聖堂の前は人の波で、その合間に銃を構えた兵隊や警察が散らばり、緊急車両が待機している。昨日ピサでテロを計画していた人を国外追放したというニュースが流れていたためか、ピリピリした空気が流れている。

大聖堂の周りを回りながら中に入るか様子を伺ったが、あまりの暑さと行列の長さに、並ぶのは嫌だと妻が言いだし、断念する。

ヴェッキオ橋の方に歩くとタバッキを見つけバスのチケットを買う。1枚1ユーロ20セントでバスで買うより安い。

途中ロッジャ・デル・メルカート・ヌオーヴォとシニョーリ広場を横目に通る。

昼になり小さなオープンカフェに

05/ ロッジャ・デル・メルカート・ヌオーヴォ
06/ シニョーリ広場、ヴェッキオ宮殿
07/ オープンカフェ §*50
08/ ヴェッキオ橋
09/ ピッティ宮
10/ ウフィツィ美術館入り口
11/ ウフィツィ美術館　ヴィーナスの誕生
12/ シニョーリ広場 ダヴィデ像
13/ シニョーリ広場のカフェ §*51 €22

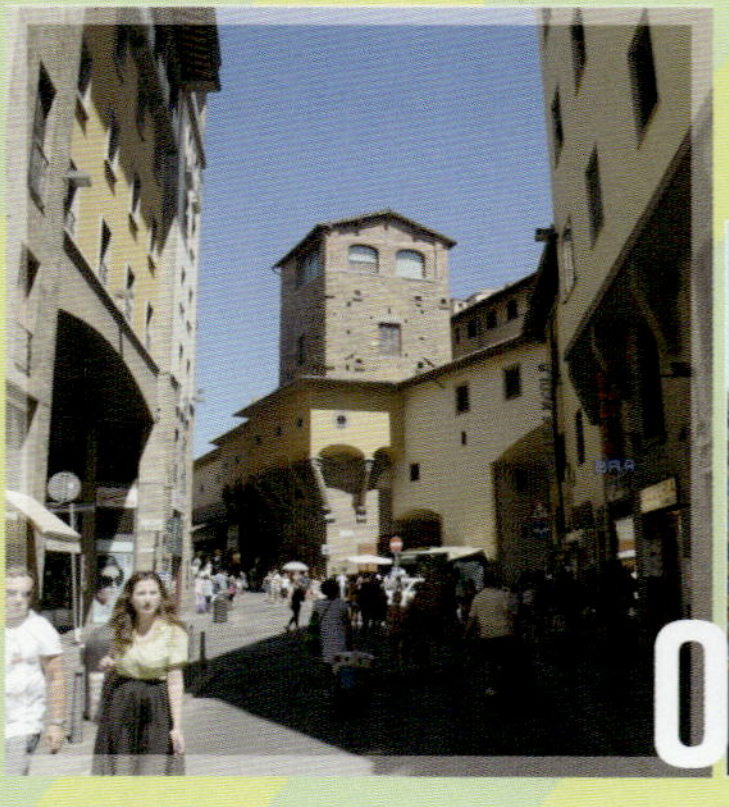

FIRENZE

Chapter 6 イタリア

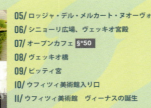

入る。§*50 その店でWi-Fiを借りてウフィッツィ美術館を調べたところ、要予約になっているので2時半で予約を入れる。費用は3人で70ユーロ。ゆっくりお茶も飲みたいという2人を追い立ててヴェッキオ橋に向かう。

日本では橋に店が並んでいることはほとんどないが、ヨーロッパには結構ある。この橋ができた当座は肉屋が並んでいたが、当時の君主コジモ一世が余りの臭さに彼らを追い出し、代わりに貴金属の店を集め、それが今でも続いているんだという話を息子にする。

橋の先にビッティ宮があり、美術館になっている。中を見るか少し迷ったがとり急ぎ入る。全部見きれないがあとでまた来ることにして、ヴェッキオ橋を再度通ってウフィツィ美術館に向かう。

FIRENZE

10

11

12

05

ロッジャ・デル・メルカート・ヌオーヴォ

市場。ポルチェッリーノ回廊（Loggia del Porcellino）と言えば、フィレンツェのメルカート・ヌオーヴォ回廊（Loggia del Mercato Nuovo）の中でも最も有名で、その名はポルチェッリーノ噴水通り（viadella fontana del Porcellino）に由来している。

13

§*51

予約申込受付窓口を探し回ってやっと見つけ、スマホに予約確認書（バウチャー）を開いて見せようとするが、すぐ消えて何度もやり直す。今考えると画面を保存しておけばよかった。

「ここはウフィツィという画家の美術館だよ」

息子に得意そうに教えてから、パネルを見て、

「違う!、ウフィツィ美術館はメデチ家の歴代の美術品を収蔵しているんだ」

と言いなおしたが遅かった。

時代の変化による絵画や彫刻の変化が良くわかるなどと説明をするたびに息子から「ウフィツィさんのね」とからかわれる。

くやしい

ぶらぶらとシニョーリ広場まで歩く。真ん中に「ユートピアを探して」という大きなカメがある。メデチ家のコジモ一世のモットーである「ゆっくり急げ」のシンボルだそうだ。

妻と食事かお茶でもめた末カフェに入り一休み。§*51

買い物でもと店を探したがたいした店はなく、あきらめて夕食にハンバーガーを食べる。§*52

グーグルマップでバスの経路を調べて一番近いルートで帰る。ピッティ宮に戻ることはすっかり忘れていた。

R/24

14/ ユートピアを探して / ヤン・ファーブル

15/ 夕食にハンバーガー §*52 €30.30

R/24

TODAY'S ROUTES FOR AUGUST 13, 2016

歩行距離 10.9 KM

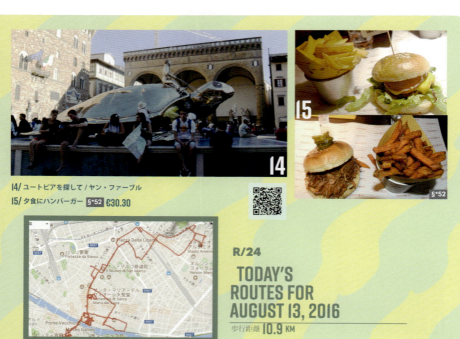

8月14日(日)
AUGUST 14

8時ごろバスでサンロレンツォ聖堂に行く。未完成の外観と内部のコントラストが素晴らしいと聞いてきた。開いているので入ろうとすると、日曜日の午前中はミサのため入れませんと断られる。

メジチ家の礼拝堂の横のオープンカフェで、アメリカ風とイタリア風のモーニングセットがあったが3人ともアメリカ風を頼む。食事中、突然砲弾のような日差しが入ってきて痛くなってきたので奥の席に代えてもらう。 §*53

先にサンタマリア・ノベッラ聖堂を見に行くことにして、レプッブリカ広場に行く。メリーゴーランド(ヨーロッパの人は好きだね)がポツンと回っていて他には何もない。

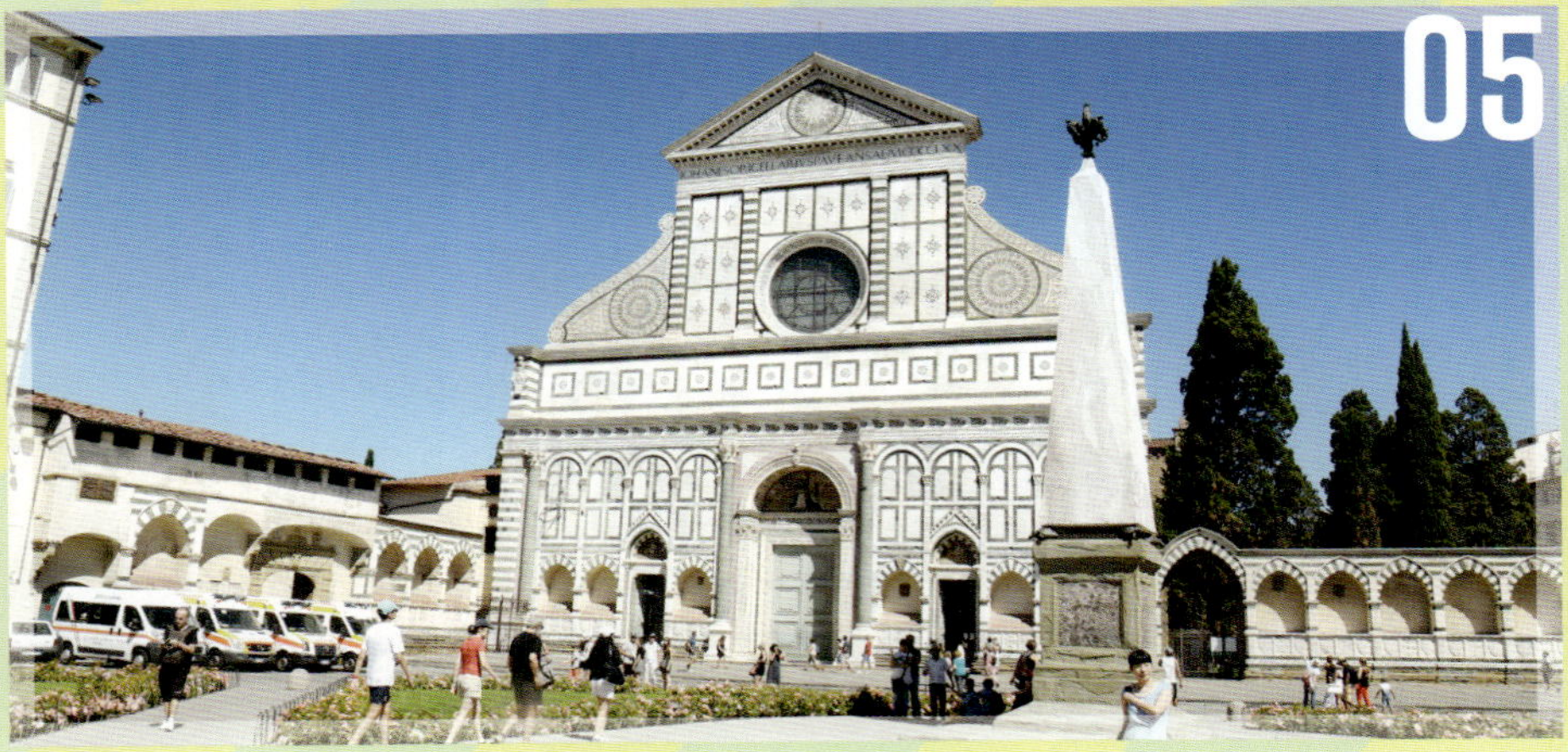

FIRENZE

01/ サン ロレンツォ教会
02/ オープンカフェで朝食 §*53 €28.50
03/ レプッブリカ広場と凱旋門
04/ サンティ・ミケーレ・エ・ガエタノ教会
05/ サンタマリア・ノベッラ広場と サンタ マリア・ノベッラ聖堂

広場に面した凱旋門をくぐりストロッツィ宮に向かう。

ストロッツィ宮に入ると何かの芸術イベントをやっていたが特に見たいものでもないので、次のサンタマリア・ノベッラ広場に向かう。

途次、サンティ・ミケーレ・エ・ガエタノ教会でミサ中も人が自由に出入りしているのを見かける。中では神父が十字架の前でお祈りをし、静かに讃美歌が流れている。中高時代にチャペルでお祈りをしていたことを思いだしながら一番後ろでミサの様子を暫《しば》し眺めていた。

サンタマリア・ノベッラ広場はサンタマリア・ノベッラ聖堂が正面にあり、緑の芝生と花で飾り付けられたあでやかな広場だ。教会の中を覗こうとしたが午前中はミサのため入れない。

世界最古の薬局、サンタマリア・ノベッラ薬局を行きつ戻りつして探すが広場にはない。妻がネットで調べると8月13、14日はお休みとあり、裏通りに小さなメモが貼ってある店を見つける。ヨーロッパにもお盆休みがあるのだ。

サンタマリア・ノベッラ駅を通ってバッソ要塞に向かう。時はちょうど昼で日差しはこれでもかこれでもかと照り付けていた。

バッソ要塞にはどこにも入り口らしき場所がない。鉄格子の扉の前まで行くと男性が電話をかけている。その電話の合間に話しかける。

08

07

06

06/ サンタマリア・ノベッラ病院
07/ 世界最古の薬局お休みのお知らせ
08/ サンタマリア・ノベッラ駅前
09/ フィレンツェ　バッソ要塞
10/ ランチ・スパゲティ §*54 €30.50

10

§*54

09

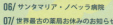

「このバッソ要塞はどこから入れるの?」

「入れない」

「でも展示会や会議をやっているじゃない?」

「コンファレンスやエキジビションの時だけ開けるが、今はやっていないので入れない」

なるほどそういうことかと礼を言って離れた。

昼を食べるためサンロレンツォ聖堂まで戻りスパゲティとサラダを食べる。§*54

妻が観光雑誌で見た大聖堂脇のジェラートを食べたいというので行って、2つ買う。どちらも甘かったがさっぱりしておいしい。

国立考古学博物館に向かうが、日曜日は2時でおしまい。フィレンツェ大学に行ってみたがやはり夏休みで、玄関前で写真を撮る。

30分歩いて4時半ごろ部屋に帰る。

夜の食事に何軒か探していくがことごとく休みで、ケバブの店に入る。私たちがケバブを頼んだ後息子がスパゲティを頼むと品切れと言われた。§*55

息子は夏バテのせいもあり何も食べずに宿に戻り、インスタント味噌汁を飲んで寝た。

とにかく休みの多い1日だった。

それにサンタ・マリア・ノベッラ教会に行くことはすっかり忘れられていた。

R/25

FIRENZE

11/Edoardo il Gelato Biologico ジェラート

12/ フィレンツェ大学

13/ ケバブの店 §*55

R/25

TODAY'S ROUTES FOR AUGUST 14, 2016

走行距離 5 KM 歩行距離 13.8 KM

8月15日(月)
AUGUST 15

今日はボローニャに向かう。10時にチェックアウトするためDavidがスタイルのいい美女を連れて部屋に来た。

「私たちは、この後ボローニャに行き、その後ベネチアに行きます」

すると彼女が、

「そうですか。私はベネチアの大学に通っているんです」

「ベネチアに住んでいるの？」

「ベネチアは家賃が高いので、フィレンツェから通ってます」

「へー、そうなんだ」

「ところでベネチアへ行ったらおいしい店があるので行ってみるといいと思いますよ」

「ありがとう」

教えてもらい、握手をして別れた。

02

BOLOGNA

01/ 中華レストラン金龍 §*56 €28.40
02/ サンペトロノーニォ聖堂 ラベーナ広場
03/ マジョーレ広場

01
§*56

03

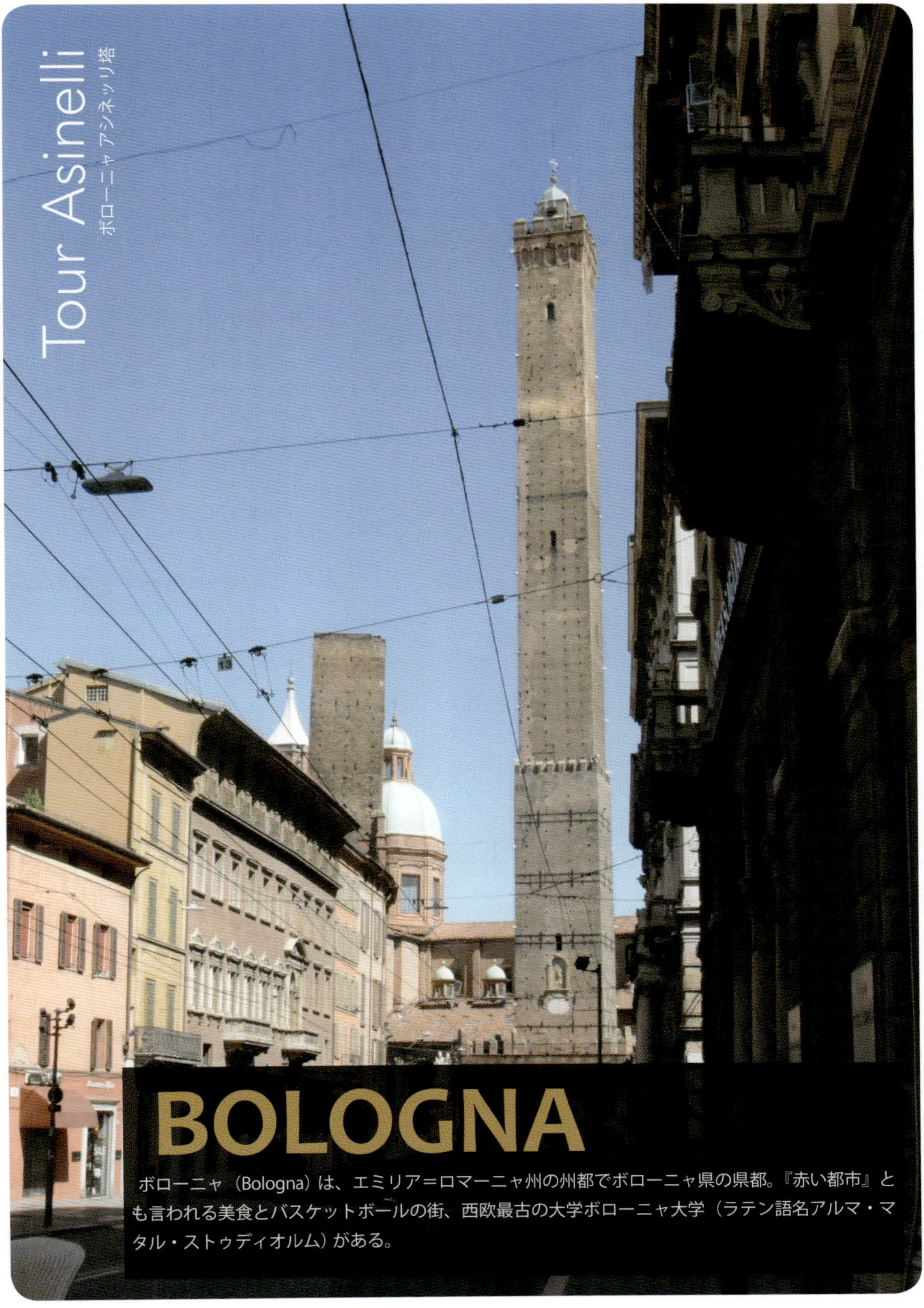

Tour Asinelli
ボローニャ アシネッリ塔

BOLOGNA

ボローニャ（Bologna）は、エミリア＝ロマーニャ州の州都でボローニャ県の県都。『赤い都市』とも言われる美食とバスケットボールの街、西欧最古の大学ボローニャ大学（ラテン語名アルマ・マタル・ストゥディオルム）がある。

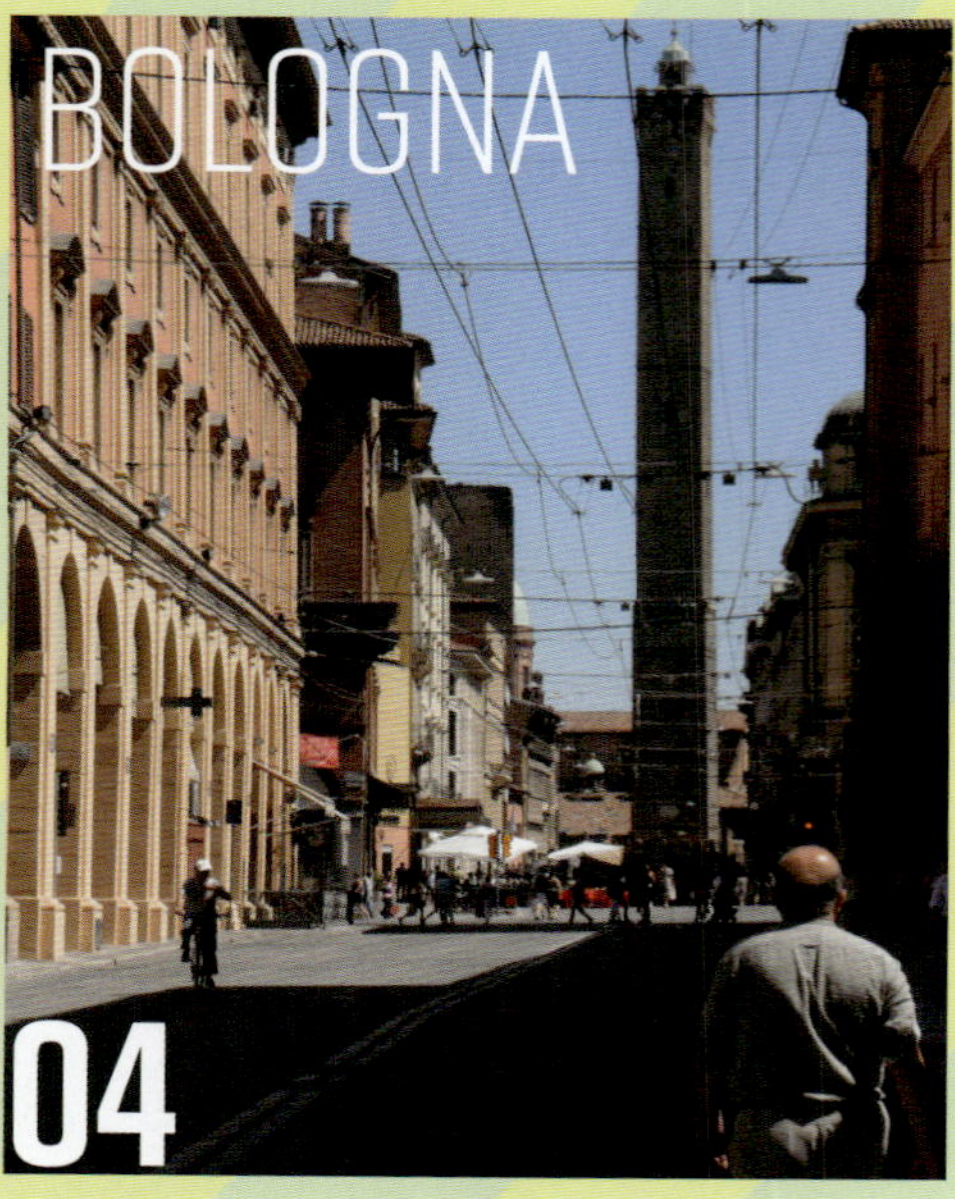

04

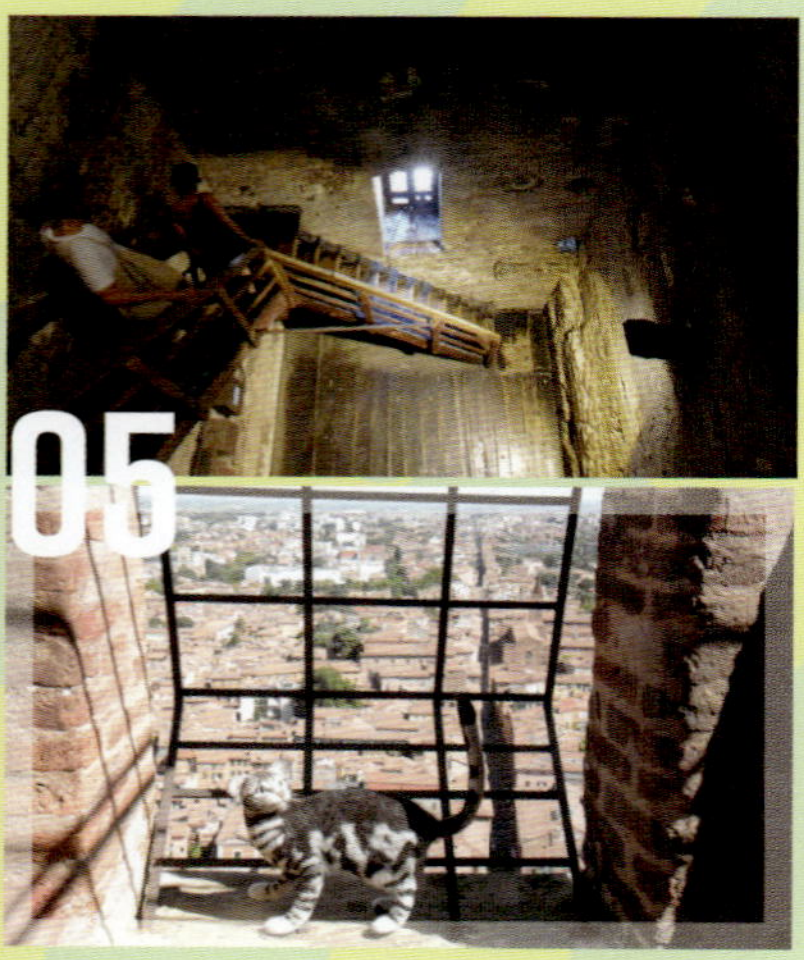
05

04/ ボローニャ市街
05/ アシネッリ塔の内部
06/ カフェ §*57 €20.50
07/ ボローニャ大学
08/ サン・ピエトロ大聖堂

07

06 §*57

08

ボローニャの苦い水

12時過ぎにボローニャに着く。ZTLの手前で車を停め、駐車料金を機械に入れようとして苦労していると通りがかりの人が「今日は祭りで駐車場は全部無料だよ」と声をかけてくれた。

街の中央に行く道は軒並み商店が閉まっている。店に貼ってあるビラを読むと8月15日あたりはどこもお休みとなっていて、まるでシャッター通りだ。

たまたま見かけた中華レストラン金龍が開いているのを見つけて入り、焼きそばやチャーハン、点心などを食べる。味は悪くなかった。§*56

さらに1キロほど歩くとアシネッリの塔が見えてくる。その手前のエンツォ王宮の入り口に貼り紙があり、毎週土曜日と8月15日はすべての建物は閉じているとある。何たることだ、今日はどこも入ることができないと知りがっかり。

マッジョーレ広場からラベーナ広場に行き、サンペトローニオ聖堂が開いていたのでに入る。中は素晴らしく大きく美しい教会だった。あまりに素晴らしいので写真を撮ろうと思ったが撮るなら2ユーロ払えと書いてあって、撮らなかった。

払えばよかった

聖堂を出たところで息子の具合が悪くなり、カフェで一休みする。

2つの塔があり、低く傾きがひどい方がガリゼンダの塔で高さは48m、もう一方はアシネッリの塔で高さは97m。2つの塔は寄り添うように傾いている。アシネッリ塔に1人3ユーロ払って登る。

全部で500段近い階段はかなり急なうえ狭くてすれ違うたびに踊り場で待たないといけない。何とか頂上を極めてボローニャの景色を堪能する。降りるほうは踏面が狭くて急でとても怖い思いをする。スマホの記録を見ると29階の高さだった。

すれ違う為に踊り場で待っていると「Grazie!(グラッツェ・ありがとう)」と声をかけられる。すかさず、「Prego(プレーゴ・どうぞ)」と返す。ちょっとしたやり取りでもイタリア語でできるのが楽しい。Pregoなんて単語知らなかったけど、みんなの真似をしているうち私と息子は覚えたけど、夫はいくら聞いても覚えないらしい。(笑)

ボローニャ大学に行く途次カフェに入る。見たこともない飲み物Crodinoを頼む。梅干を食べさせられた外人の気持ちになる。苦くて一瞬のどを通らないが、飲んでいると面白い味だと思うようになる。§*57

ヨーロッパ一古い大学、ボローニャ大学はやはりお休みで中に入ることはできなかった。

最後にサン・ピエトロ大聖堂に向かう。この大聖堂は14世紀末に作られたゴシック様式だが、ローマのサン・ピエトロ大聖堂よりわざと小さくしたらしい。中はボローニャのほうが好きだ。

車に戻り今夜の宿を探すが、ボローニャはどこも満室で見つからない、スマホの検索ソフトで隣町のフェラーラのホテル・ダニエラを見つけた。そこは高速道路から2、3キロ離れた先にあった。

さびれた暗い道で車を停めてホテルを探していると、2階の窓がバンと開いて光があふれる。おばさんが何やらイタリア語でわめき始める。ビックリして「すぐ動かすから」と英語で言うがわからないらしく、まだ何か騒いでいる。焦っていると妻が車の窓を開けておばさんと何かやり取りして

「どうもこっちらしい」

来た道を指差す。

「イタリア語が分かるんだ」

目を丸くして妻を見つめる私。

「いや相手の言う言葉をそのままオウム返ししていただけ。ホテルダニエラと言ったら身を乗り出して手振りしたので、たぶん」

なんともいい加減な話だが、言われたとおり行くとあった。

9時前に何とかホテルを確保した。Ω»14

そこが経営しているレストランで夕食にする。田舎で10テーブルぐらいだがどう見ても地元の客で埋まっている。どこから湧いてくるんだ。

メニューを見ても分からないし、おやじの英語もかなりブロークンなもので、適当に頼むと少し予想と違うものが並んだ。あきらめてそのまま食べるとまずくはなかった。§*58

部屋に戻りネットにつなごうとするとこれがつながらず、クロークと部屋を往復してなんとか繋げることができた。

R/26

09/ ホテルダニエラ Ω»14 €92.50
10/ ホテルの夕食 §*58 €28.40

R/26

TODAY'S ROUTES FOR AUGUST 15, 2016

走行距離 164 KM 歩行距離 7.3 KM

8月16日(火)
AUGUST 16

ホテルダニエラで朝食をして、§*59 10時、フェラーラの市街地に行く。

フェラーラの雨傘

フェラーラは、私も知らなかったが、古い建物が相応にありイタリア国内ではちょっとした観光地らしい。外国には知られていないぶん静かにゆっくりとイタリアの小都市と歴史上の建築を眺めることができる。

トレント・エ・トリエスト広場に出ると、傘が無数にかかっている道が見える。何かあるぞと行ってみるが、特に目立ったものもない。

「何で傘なの」

観光案内所の女性に訊いてみる。

「なんで傘かわからない」

私の英語が下手なのかそっけない。

折り返し戻って行くとエステンセ城が見えて来た。入ろうとすると息子が「おなかがすいた」と騒ぐのでその前のカフェで昼にする。§*60

エステンセ城内では絵画の展示をしていて、さほど広くもなく見るものもない。

大聖堂も見たかったが改築中で入ることも、見ることもできなかった。

1軒しかない土産物屋で自転車のTシャツとマグネットを買う。

「ここに行ってみたい」

妻が地図を指差して言い出した。

「何?そこ」

「さあ?」

「分かんないの?」

「でも行ってみたい」

FERRARA

01/ ホテルダニエラで朝食 §*59
02/ ジュゼッペマッシーニ通り、なんで傘?

01
§*59

02

03/ エステンセ城
04/ 城の前でランチ §*60 €30.50
05/ かき氷で一休み マッサリ公園 §*61
06/ フェッラーラ墓地 Saint Cristoforo Alla Certosa
07/ フェッラーラ➡ベネチア

名前は聖クリストフォロのアラチェルトーザ（Saint Cristoforo Alla Certosa）。そこが何だかわからないまま歩き始める。途次、マッサリ公園（Parco Massari）の中の路に、コカ・コーラの看板を見かけて冷たいものでも飲もうと立ち寄る。

「これかき氷かもしれない」

granita と書かれた紙を見て息子が言う、

「これは何？」

紙を指差すと店のおやじは少しだけ氷を掻いて見せてくれる。２人でレモンとイチゴを頼む。§*61 暑さで死にそうになっていたのがほんの少し生き返る。

アラチェルトーザは広い芝生の敷地に茶色い建物が整然と建っている。国家に功績のあった人の墓地と書いたパネルを見て納得したのでベネチアに向かう。

ベネチアで稲妻

４時駐車場に到着。入り口で何泊だと訊かれて３泊と答えると７階に行けと言われる。車路がひどく狭く曲がりくねっているので車の接近警報が鳴り響く。

係員が指定する場所に車を停め、みんなで荷物を下す。私が広場で荷物を確保している間に妻と息子がチェックインをしに行く。（ベネチアの宿はチェックインと宿泊の場所が違う）待つこと30分、ようやく２人が戻ってきて宿に向かう。

ベネチアには運河が張り巡らされ、繋ぐ橋には全て階段がある。妻も息子もスーツケースを持ちあげられなくて、通りがかりの若い男の人に手伝ってもらっていた。

スーツケースを抱えているとみんな手を貸してくれる。日本とは大違いだ。

教えてもらった住所に行ってもどこにもホテルが見当たらない。運河を行きつ戻りつして、ようやく小さな表札に小さくホテルの名前「B&B CASANOVA-AI TOLENTINI」とあるのを発見する。Ω»15

玄関を開けるとすぐ狭い階段でスーツケースを持って上がると予想に反して部屋は広くてきれいな2部屋に分かれている。複雑な構造の鎧戸を開けると目の前に運河が見えた。

サンマルコ広場で夕食にしようとしたが小1時間かかると聞き、周辺の運河を巡りぶらぶらレストランを探す。DONA ONESTAを見て「おいしそう」と言う妻の勘に賭けることにする。§*62

テラスで食べている人の料理がおいしそうだったから。

レストランには寄せ書きがあり、パラパラ見ていると最後のページに日本語で「魚スープが最高においしかった」と書いてある。

食べてみると、スープに貝やエビを盛り、そこにパンが浸されている。このパンをスープに浸して食べるとこれはもう絶品で。

寄せ書きの最後に「魚スープ、本当においしかった、ありがとう」と書き加えた。ついでに母さんありがとう。

R/27

11

§*62

10

09

Ω»15

VENEZIA

R/27

TODAY'S ROUTES FOR AUGUST 16, 2016

走行距離 119 KM 歩行距離 11 KM

09/ ホテルカサノバ Ω»15 €352.80 / 3 DAYS

10/ ホテルの窓から見た運河

11/ レストラン DONA ONESTA §*62 €51.50

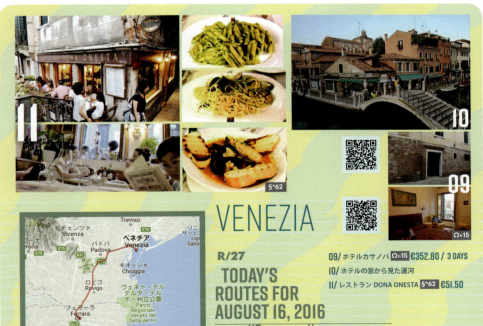

VENEZIA

ベネチア（Venezia）は、ヴェネト州の州都、ベネチア県の県都

1204 年、第 4 回十字軍とともにベネチア艦隊は東ローマ帝国首都のコンスタンティノープルを攻略東地中海最強の海軍国家となった。1797 年、ベネチア共和国はナポレオン・ボナパルトに侵略され 1866 年に普墺戦争の結果ベネチアとヴェネト地方はイタリア王国に編入された。

島には車の乗り入れができないため、島内や島同士の連絡には水上バス（ヴァポレット、vaporetto）が専ら用いられている。

Ponte di Rialto Venezia

ベネチア リアルト橋

8月17日(水)
AUGUST 17

宿はB&Bなのに朝食はついていない。そこで9時にローマ広場に行きバルやカフェを探すがない。ヴァポレット（水上バス）でサンマルコ広場に行くことにして停留所に行く。チケットは2日間有効チケットなら1日3回乗れば元が取れるので3枚買う。

妻が見たガイド本によればサンマルコ広場に行くにはリアルト橋で降りて歩くとなっているが、サンマルコはここかと隣のおばさんに訊くとまだ先だと答えた。

サンマルコの停留所で降りてから地図で確認するとリアルト橋から歩くほうが早く着くが、歩く距離はサンマルコで降りたほうが近いとわかった。

雲霞の如き観光客でサンマルコ聖堂もドッカーレ宮も長い行列ができている。ただ警察や兵士の姿は見えない。

まずは朝食にしようと広場を歩いて回るがどこも営業前の様相である。1か所四重奏の演奏をしているオープンカフェがあり、そこのテーブルには何組か座っている。私たちが座って合図をするとウェイターがメニューを持ってきた。

そのメニューに演奏料として1人6ユーロと書いてあり、ぎょっとした。今更じゃあやめたというのも恥ずかしいので、そのまま座ってメニューを見る。するとサンドイッチが16ユーロとかコーヒーが14ユーロ

「これは高い」

と息子。

「君が払うわけじゃないのに、何で文句を言うんだ」

周りに日本人を含む人だかり。これはえらいところに入ってしまったと臍を噛む。

「昨日の夕食より高い」

と妻。

サンドイッチとコーヒーやジュースを頼んだ。丁寧に作られてはいたが味は普通。§*63

たぶん、一生分の贅沢をしてしまったようだ。

朝ごはん3人で食べて1万円以上、確かに生演奏で良い雰囲気ではあったが…。ちょっと高すぎ。息子も、お金を払うわけでもないのに、高っ！と言って、伝票をじっくり確認してた。誰に似たんだか？

その後ぶらぶらとそのあたりをウインドウショッピングをする。

01/ ヴァポレット乗り場 €90
02/ 運河
03/ サン・マルコ広場
04/ サンマルコ広場のオープンカフェ §*63 €91.50

「どこか建物に入らないか」

2人に訊くと、

「鐘楼に登りたい」

「僕はサンマルコ聖堂に入りたい」

私が言うと、しぶしぶ聖堂の入場行列に並んだ。

中に入るのに料金は取られなかったが、聖堂内を一回りするとあっという間に出口に出る。でも2階のテラスで眺めている人がいるので2階に上がれるはずと探すと、博物館入り口と表示がある階段が見える。そこから上がっていくとおじさんがいて1人5ユーロと書いてある。「大人2人と子供でいくらか」と訊くと「10ユーロ」と答えた。

中にはサンマルコ聖堂の建築過程や遺跡や遺物の展示があり、外への出入り口が見える。出てみるとテラスでサンマルコ広場がちょうどいい具合の高さで見ることができる。これだけで5ユーロの価値はある。

聖堂から外に出て、

「ほかに見るところはないの?」

妻に訊かれ、溜息橋が見える橋に出る。

「昔裁判の後、監獄に入る囚人が渡った橋で、ここで娑婆も見納めとため息をついたそうだ」

と息子に蘊蓄を傾ける。

「次は?」と訊かれヴァポレットでリアルト橋に向かう。船は満席で座れないうえ、空気がよどんでいて息子の気分が悪くなる。船を降りてリアルト橋を渡りジューススタンドで一休み。

その後しばらく街を見て回り、2時に大衆食堂Osteria oa Bacco でパスタとピザを食べる。ここは安くて味はまずまず。

§*64

4時半ごろ妻が「リド島に行ってみたい」と言いだしたので再びヴァポレットに乗る。前で懲りているので息子を船の前方に立たせる。風が気持ちよく、停留所2つぐらい過ぎると座れた。

終点のリド島はバスもタクシーも走っている普通の街だ。

「リド島の資料を全く用意していないのでどこに行ったらいいのかわからん」

「来たことに意味があるので、帰りましょ」

妻がヴァポレットの方に行くので、

「それはいくらなんでもつまらないだろ」

グーグルマップを眺めて、

「反対側の海岸まで歩かないか」

05

05/ サンマルコ大聖堂
06/ 大聖堂から見たサンマルコ広場
07/ 溜息橋
08/ レストラン Osteria oa Bacco §*64

06

VENEZIA

みんな賛成する。

ここは本当にイタリアかと思うぐらい並木道の歩道が広く、清潔で気品のある高級住宅地だ。ネットで調べて分かったのだが、ベネチア音楽祭が行われる場所だそうだ。

十数分歩いたところで砂浜に出る。まるで湘南の浜のようであるがサーファーはいない。海水浴らしき家族連れが帰り支度をしているので、我々も帰ることにする。

来た道を戻っていると空に墨のような雲が流れ込んで来て、冷たい空気が渦を巻き始める、これはまずいと通りがかりのオープンカフェ Alla Botte の屋内席に飛び込む。店員も外のテーブルのグラスやテーブルクロスを慌ただしく片付け始める。稲妻が走り、雨が降りだし、雷鳴が響き見る間に篠突く雨になった。

09

11

10

12

ここでもフィッシュスープを頼む。
昨日ほどではなかったがそれなりに
おいしかった。§*65
外に出ると店員がテーブルクロス
を広げ始めていた。

10時過ぎ、ヴァポレットでローマ
広場に着くころには雨はすっかり上
がっていた。

R/28

VENEZIA

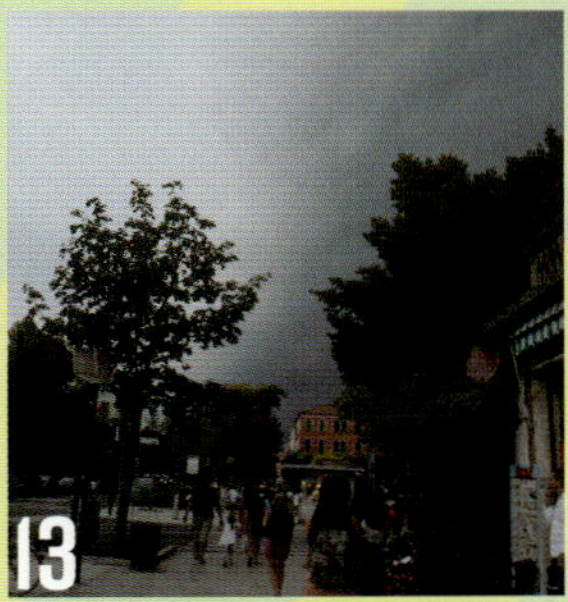
13

14 §*65

15

R/28

TODAY'S ROUTES FOR AUGUST 17, 2016

歩行距離 8.7 KM

09/ リド涛へ向かうヴァポレット
10/ ベネチア、リド島
11/ リド島 大通り
12/ リド島海岸
13/ リド島 一転にわかに掻き曇り
14/ Alla Botte オープンカフェ §*65 €40.99
15/ ローマ広場 停留所

8月18日(木)
AUGUST 18

昨晩はなぜか2時になっても寝られず、ふと思いついて起きだす。以前3ストアでSIMを購入したときおまけでくれた2GbyteのSIMをiPadに入れたらどうなるだろう。iPhoneはイタリアの電話番号がないと接続できないと言われたがiPadならもともと電話ができないので使えるかもしれない。やってみよう

iPadのSIMを入れ替えて電源を入れてみる。やはりつながらない、が、出るメッセージが変わった、APNをいろいろ代えてみる。つながった。Wi-Fiを切断しても認識している。やった!

iPadのテザリングをONにしてiPhoneのWi-FiをiPadにするところも大丈夫。これで全員インターネットが使える。

4時ごろ設定を終えてまた寝たが頭がボーとしたまま7時に目が覚めた。

8時ローマ広場から急行のヴァポレットに乗りムラーノ島に向かう。先頭の屋根のない場所に立ち、2か所ぐらい停まると席が空いた。息子に座らせ私と妻もその後座ることができた。

ベネチア本島を出ると船は波を蹴散らしてムラーノ島に滑りこんだ。

街はまだ寝ているようでかろうじて開いていた小さなカフェで簡単な朝食を済ませる。§*66

ガイドブックに建物の色がカラフルとあったが歳月で色あせた建物が多く、写真ほど鮮やかな場所は目にしなかった。

ガラス細工店は多く立ち並んでいるが、それ以外本島との違いは目立たない。少々拍子抜け。

昼、オープン前のレストランに入って座っていると注文を取りに来たので、スパゲティと魚介類のフライを頼む。どちらもそこそこおいしかった。§*67

しばらくぶらぶらと見て回ってから本島に戻ることにする。停留所に行くと炎天下長い行列ができている。あまりに長いので別の停留所に行こうかと迷うが、船がつくたびにずんずん進み3回ほど船が来たら乗れた。

サンマルコ広場に戻り、歴史博物館に入る。中はベネチアの絵画と彫刻の歴史で、フィレンツェのウフィツィ美術館と比べるとボリュームが少ない。海戦の模様や商船の活躍をイラストや映像、模型などで展示してくれるとよくなるだろう。

iPhoneのケーブルをなくしたので、MACストアをネット検索して行くと、M.A.Cという名の化粧品店だった。妻にそんなことだと思ったとからかわれる。

ベネチアに来たのだからガラス細工の店に行こうとガイドブックにあった日本人妻のガラスの店「ラルベロ」に行くが奥さんは帰った後でいなかった。今はやりのガラス細工ではない、この店の特徴を旦那が熱心に説明してくれる。色使いやこだわりに気持ちが動いて、妻が選んだペンダントとインテリア用の合わせ

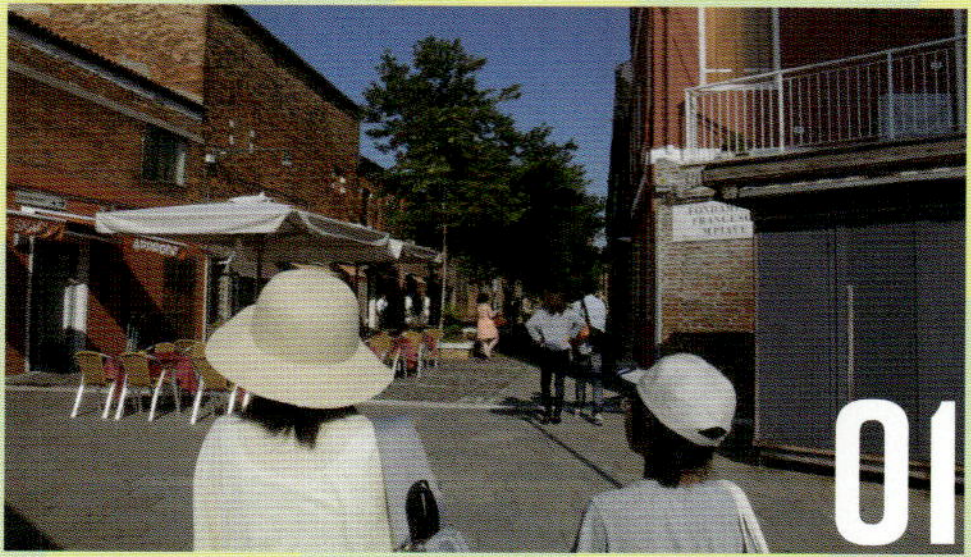
01

03
§*66

02

04

VENEZIA

05
§*67

07

01/ ムラーノ島到着
02/ 中心部
03/ 朝食 §*66 €9
04/ 運河と橋
05/ ランチ §*67 €56
06/ ガラス店
07/ ガラスモニュメント

06

て2つ買う。

夕食の時間になったのでフィレンツェのホストの彼女が教えてくれたレストランに行ってみる。人山をかき分け席はあるかと訊くと予約がなければ無理と言われる。イタリアに来て予約なしで入れない店は初めて。残念でした。

帰る途次電気店を見かける。

「iPhone 用の USB ケーブルはある?」

「アップルオリジナルなら19・9ユーロ、ほかのメーカーなら2ユーロ」

今持っている iPhone がアップル純正ケーブルではないと充電すらできないので、高いけど純正を購入する。

中華料理の店を見つける。麺類は予想通りおいしかったが、量が少な

08

10

09

かったのでチャーハンを追加した。

§*68

ベネチアの仮面を買いたいと思っていたが迷っていた。妻は「こんなやわなもの日本に帰る前に壊れちゃうわよ」と反対している。

でもパリまでは車のトランクに入れておけば大丈夫だろう、以降は手提げに入れて私が運べばいいと10ユーロを8ユーロに値切って買う。

仮面は無事日本に持ち帰ったが、妻が「気持ち悪い」と言ってリビングに飾らせてくれない。(涙)

R/29

§*68

VENEZIA

08/ 休憩 プリン
09/ ベネチア 歴史博物館
10/ スクオーラ・グランデ・ディ・サン・マルコ
11/ サン・モイゼ教会
12/ ベネチア 中華レストラン §*68 €65

R/29

TODAY'S ROUTES FOR AUGUST 18, 2016

歩行距離 8.2 KM

8月19日(金)
AUGUST 19

今日はベローナ経由でスイスに向かう。朝ブログを確認したら昨日の分が消えていた。もう一度入れなおしたため出発が9時になった。

3人で荷物をローマ広場まで運ぶ。橋の階段でえっちらおっちら重いスーツケースを頑張って運んでいると、素敵な男性が近づいてきて「持ちましょうか?」と遠慮する間もなく運んでくれる。「グラッツェ!」日本では、1人で子どもを乗せたベビーカーを担いで階段を上っていても声をかけられたことは一度もなかったぞ。

私がスーツケースを見ている間に2人でオフィスに行きチェックアウトを済ませる。車を駐車場から出しスーツケースを積み込んでベネチア

VENEZIA>>
VERONA

01/ ベネチアとイタリアをつなぐ橋
02/ ベローナ途中の朝食 §*69
03/ ベローナ到着
04/ 円形闘技場
05/ 日本食の Sun §*70 €13.50
06/ スカリジェレ家の霊廟
07/ エルベ広場とフルーツ盛り合わせ
08/ シニョーリ広場 ダンテ像
09/ ロミオとジュリエットの舞台
10/ ジュリエット像

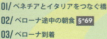

を後にする。

高速に入りサービスエリアで朝食§*69を取り、妻と運転を代わる。もうすぐベローナだと妻に起こされるまで1時間ほど寝てしまった。

ベローナの乳房

ベローナの市街に着き、車を駐車場に入れて市街地まで歩く。

最初に橋らしき構造物を潜り、円形闘技場が見える。円形闘技場の周りに異様な造形物が置いてあるが、何だろう。円形闘技場に長い行列ができていて、息子が「疲れたおなかすいた」と騒ぐので先に昼食にする。

日本食のSunの看板が見えると先に息子が入っていくので後をついて行く。§*70メニューには寿司や刺身などあったが、ランチ€13・5には食べ物が何も書いていない。店員に

10

09

04

訊くと、メニューの中のデザートと飲み物を除くどれでも食べ放題だそうで、３人分頼んでみんなでとりわけした。

「単品で頼んだ方が安かったりして」

食べながら言うと、

「あと何品か頼めば、お得だ」

息子は電卓をたたいて損しないように高い焼き鳥などを頼んでいた。

エルベ広場に出たら、テントの市が出ていて覗いて回る。すぐ隣にシニョーリ広場がありダンテ像を眺めて再びシニョーリ広場に戻り、フルーツ盛り合わせをみんなで分けて食べた。

ベローナといえばロミオとジュリエットでしょうと、地図でジュリエットの家を探して行く。人が溢れていて、カップルが順番に写真を撮っている。ここでジュリエットが「ロミオよロミオ」と言ったとされているが、小説だからねぇ。

わきにジュリエットの像があり、その乳房を女の人が次々ともむものだから異様に金色に光っている。調べてみるとジュリエットの左の胸を触ると恋愛が成就するという言い伝えがあるらしい。

そろそろ円形闘技場の行列も短くなっているんじゃないかと戻ってみると、すでに行列は消えていた。が開館時間も終了していた。時間を確認すべきだった。(呆然)

ガーン！
がーーん

異様な造形物はこの夏円形闘技場でオペラをやっていてその舞台装置だった。オペラも見たいが時間の都合であきらめるしかなかった。

アプリーカのメリーゴーランド

次の目的地サン・モリッツへスイスの玄関口ティラノに高速を飛ばして行くが、日が暮れたのでアプリーカという町のホテルローマに投宿する。Ω»16

山奥なのに妙にホテルが多く夜遅いにも拘らずメリーゴーランドが動いていて、子どもたちの歓声が聞こえるのが不思議だ。調べるとここはスキー場と避暑地だった。

ホテルのレストランは終わっていて、近くのバルでピザを食べた。§*71

R/30

11/ アプリーカ　ホテルローマ Ω»16 €100
12/ アプリーカ 遊園地？
13/ アプリーカ　バルのピザ §*71

R/30
TODAY'S ROUTES FOR AUGUST 19, 2016
走行距離 299 KM　歩行距離 6.3 KM

ST.MORITZ

サン・モリッツ（St. Moritz）はスキーをはじめとするウィンタースポーツのメッカだが、夏の観光シーズンもハイキングやサイクリング、乗馬などを楽しむことができる。グレッシャー・エクスプレス（氷河特急）やベルニナ・エクスプレスなど人気の絶景ルートの発着点にもなっている。

8月20日(土)
AUGUST 20

ホテルローマで朝食を取って §*72 10時ごろティラノに向かってアプリーカを出発。晴れていて爽やかなドライブ日和である。

すぐ山道に入りカーブの連続を次々追いついてくる車を先に行かせてはゆっくり走る。

「イタリア終了」のパネルの手前でカメラを準備していると、職員から早く来いと手招きされイタリア国境を何事もなく通過する。

ここよりスイスのパネルが現れる。女性が出てきたので停まろうとすると、さっさと行けという仕草で、あっけなく入国する。

スイスに入ると山が急になり、いつのまにか建物は石造りから木造《もくぞう》に代わっている。晴れていた空に雲が増えてきた。谷に白いものが見えたので、あれが氷河だと息子に教える。ただの残雪だったかも。

03

01/ アプリーカ 朝食 §*72
02/ アプリーカ　ホテルローマ
03/ アプリーカ➡サン・モリッツ　スイス国境
04/ アプリーカ➡サン・モリッツ
05/ レストラン §*73 €47

01
§*72

05
§*73

02

11時半ごろレストランに入りランチにする。メニューはドイツ語とイタリア語でよくわからず、目見当で頼んだらおいしかった。§*73

隣に夫婦と歩き始めたばかりの赤ちゃんがいて、その子が花を摘んでは私のところに持ってきてくれるので、お母さんにお願いして写真を撮らせてもらう。息子の幼かったころを思い出した。

食事の間に雨が降り始めるが遅くなるので車を出す。

サンモリッツのチーズフォンデュ

走っている間に雨はますます強くなり大雨の中、1時半サンモリッツに着く。妻の発案でロープウェイで山に登ろうと駅に行くが、動いている様子がない。出札で訊くと2時には出るそうだ。しばらく山頂カメラで様子を見たが雨はやみそうもなく今日はあきらめることにしてホテルに向かう。

ホテルに2時40分に着き、玄関を開けようとしたら鍵がかかっている。しばらくどうしようかと考えていると、3時に係りの人が来て入ってと合図をくれた。Ω»17

無事チェックインしたが、早すぎるしやることもない。しばらく休んでからお茶でもしようとホテルのロビーに行くと、カフェはないといわれ、サンモリッツの中心に向かって車を走らせる。

サンモリッツの商店街で車を停めて少し歩くが、すぐ行くところがなくなるほど小さい町だ。少し早いけど食事をしようかとレストランを探す。

APRICA>>ST.MORITZ

06/ サンモリッツ　ケーブルカー改札
07/ サンモリッツ ホテル Maloja Palace Ω»17 €237.25
08/ サンモリッツ市街
09/ レストラン　チーズフォンデュ §*74 €104.3
10/ サンモリッツステーション
11/ サンモリッツ　サンクト・モーリッツアー湖

妻が、せっかくスイスに来たのだからチーズフォンデュを食べたいと、表に出ているメニューを覗きながら歩いてCORVATSCHというホテルレストランを見つける。

「日本人?」

店の人が訊く。

「そうだ」

日本語のメニューを持ってきて、

「以前いた日本人の女の子が作ってくれたが、自分は読めないので正しいかどうかわからない」

メニューはよくできていて分かりやすいが、チーズフォンデュにパンしかついてない。

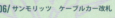

「野菜も入れたいけど」

「普通はパンだけだが、オーダーもできるよ」

別に焼野菜を頼む。野菜をフォンデュに入れるのは結構いけたが、最後はチーズに飽きた。 §*74

サンモリッツの鉄道駅に行ってみる。スイスでレストランやホテルや駅などでトイレを借りたが、どれも素晴らしくきれいで金をとられることもない。ただ物価が高く、土産のマグネットがイタリアでは1ユーロ、高くても3ユーロだが、スイスでは€7・9もする。でも買った。

泊まった宿は超豪華なホテルの隣の小さなマロジャパレスだが、部屋は広くて清潔でクイーンベッドとソファベッドが別の部屋に用意されて、浴室に珍しくバスタブがある。

その分部屋代もイタリアの倍はする。

スイスは衛生環境は素晴らしいが物価は異常なほど高い。

R/31

ST.MORITZ

11

10

R/31

TODAY'S ROUTES FOR AUGUST 20, 2016

走行距離 140 KM 歩行距離 3 KM

8月21日(日)
AUGUST 21

雨は降っていないが鈍《にぶ》色の曇がかかっていて、山頂に上っても何も見えないだろうとロープウェイはあきらめる。せっかくスイスまで来たがアルプスは見れなかった。

10時ごろにホテルを出てイタリアに向かう。

目についたバールに入ると小柄なおばさんが出てきた

「開《あ》いている?」

英語はわからないらしく、

「ティ?」

「いやフード」

おばさん、ケーキのケースを指さす。

「そうじゃなくてブレッド」

「1人?」

「3人」

テーブルを指さす。

席について、

「メニューは?」

首を振る。

「ティ?」

「ティ、ツー、コーヒー、ワン」

頷いてキッチンに戻っていった。

不安な気持ちで待っていると本格的な紅茶とコーヒーそれにパンが7枚、チーズとハム、オレンジジュースとヨーグルトが出てきた。どれもすこぶる付きでおいしくて、久しぶりに本格的なコーヒーを3杯も飲めた。チーズはいかにもヨーロッパ正統派の少し硬くてかび臭いが奥深い味わいがある。

「お会計」

「48スイスフラン」 §*75

とおばさんが書いて見せる。

01

§*75

01/ サンモリッツ Val d'Arca 朝食 §*75 SF48

02/ スイスどこかわからないが、雨が上がって晴れ間が出た。もう少し早ければアルプスを見れたかもしれなかった。

02

「ユーロは」

「ダメ」

「カードでは」

「それもできない」

スイスフランは手持ちが10フランにも満たないので困っていると、

「2キロ行ったところに銀行があるから大丈夫」

おばさんが教えてくれた。

妻と私で銀行に行くことにする。おばさんは息子に一緒に行けばと言ってくれるが、息子が車に乗りたくないというので人質として残る。

来た道を戻りATMで50フランおろして戻ると、「息子おとなしく待っていたよ」とおばさんが身振りした。

別れにおばさんにスマホのGoogle翻訳で「tutti delizioso」（とっても美味しかった）と見せると、すごく喜んで両手で丸を2つ作って見せた。


しばらく山を下っていくと大きな滝が見えた。その滝、イタリアのボルゴヌオーヴォ、ロンバルディアの駐車場に停める。近くから見あげる滝は迫力がある。多くの人たちが水遊びをしたり散歩をしている。どうやら近辺の人たちの行楽地のようだ。

スイスを出国するときも何のチェックもなく通過。次の目的地サクロ・モンテに向かう。妻がこの辺りと言うので、曲がりくねった細い山道で車を停めるが何もない。

「ごめん、ガーミンに間違えて入力してしまった。ここから30キロぐらい先だ」

妻が言うのを聞いて茫然とする。

03

ST.MORITZ >>MILANO

04

§*76

03/ ボルゴヌオーヴォ
04/ レストラン Ristro Del Pellegrino §*76 €47
05/ イタリア国境

2人でサクロ・モンテに行くかどうか話し合うが、時間的に無理という判断であきらめてミラノに直行することにする。

到着予定時間をミラノのAirbnbのホストに伝えないといけないが、ネットにつながらない。山道の細い九十九折にレストランRistro Del Pellegrinoを見つけ車を停める。

「これしかない」

3時近かったせいかウェイターが紙1枚のメニューを見せる。

「その中から選んでくれ」

「3人だけど2人前頼んでシェアしてもいいか」

「もちろん」

頷く。

しかし書いてあるメニューの意味が分からず、説明も要領を得ない。正しくは相手とこちらの英語が半端で意思が通じない。とりあえず何とか注文できたが、最初に来るはずのラザニアが出てこない。私と息子はまあいいといったが妻が納得しない。ウェイターに問いただすと、彼は自分は正しいと言い張る。仕方ないから「いいよ、勘定して」と言うと、彼は「ちょっと待って」と言いラザニアを作って持ってきてくれた。

どうも状況を勘案すると、彼は1人前の2皿を3人で食べると理解したようだ。でも、自分でも何か勘違いしたようだと気づいて作ってくれたということらしい。それで勘定のあとチップとして5ユーロ置いたら、「あんたたち日本人か」と訊き、日本語で「ありがとう」と笑った。

§*76

ミラノのホストからいつつくか

06/ スイス バルディーゾ ルガノ湖

07/ ミラノ Airbnb
Ω»18 ¥17443 / 3 DAYS

08/ レストラン Xing Long
§*77 €28.10

とSMSがあり、6時か7時ごろになると返信すると、到着30分前にSMSを送ってと折り返してきた。

ミラノに向かっているとチェックポイントが現れ、再びスイスに入国する。

「5時ごろつきそうだ」

妻が言い出し、

「SMSで5時ごろになる、と送れるか」

息子に訊くと

「できるよ」

「じゃあ頼む」

スマホに入力している息子が途中で気持ちが悪いと言い出す。慌てて停めるところを探すと、そこはスイスのパルディーゾという町で、ルガノ湖に面したちょっとおしゃれな小さな観光地だった。

オープンカフェでお茶を飲みながら一休みしている間、観光案内所に入ってみると、日本語のパンフが置いてある。そんなに日本人が来るのか。少なくとも私は全く知らなかったぞ。

しばらく休んでから再びミラノに向かう。高速に乗り、あらかじめ書いておいたSMSをホストに送った30分後、7時半にミラノのAirbnbに到着した。

ミラノのむすび

Airbnbで予約したElisaからキャンセルされ、改めて取り直したホストのPaolaが部屋の説明をして、鍵を置いて帰っていった。Ω»18

3人で夕食に出かけるが付近は何もない住宅地で、グーグルマップで探すとXing Longという中華レストランが見つかる。でも店の外にメニューを出していない。思い切って入ってみると価格は安く量もそこそこ、何より味が中華らしく素晴らしかった。イタリアにきて1人10ユーロ以下で満足した初めてのレストランである。イタリアでは和食(SUSHI)より中華料理のほうがずっとおいしい。§*77

R/32

07 Ω»18

R/32

TODAY'S ROUTES FOR AUGUST 21, 2016

走行距離 217 KM 歩行距離 2.4 KM

Duomo di Milano

ミラノ ドゥオーモ（大聖堂）

ITALY

MILANO

ミラノ（伊：Milano）はイタリア全土では首都ローマに次ぎ第2位、北部イタリアにおいては最大の都市で商業、工業、金融の中心。観光地としても名高い。

有名な観光地としてはスフォルツァ城（スフォルツェスコ城）、ヴィットーリオ・エマヌエーレ2世のガッレリアモンテナポレオーネ通り、ドゥオーモ（ミラノ大聖堂）、大聖堂広場、レオナルド・ダ・ヴィンチ作『最後の晩餐』（サンタ・マリア・デッレ・グラツィエ教会）などがある。

8月22日(月)
AUGUST 22

部屋を11時半に出てスフォルツェスコ城に向かう。

ミラノカードは地下鉄のUdine駅では手に入らずセントラル駅まで行く。

電車に乗って妻が引き寄せるので「何?」と訊くと、「すり!」と囁《ささや》く。私のベストのポケットにピンクのマニキュアがもそもそ動いているのを妻が見たらしい。後で、「それにしてもすりをやるのにピンクのマニキュアはないよね」と妻が笑う。

セントラル駅のマクドナルドで朝食。ヨーロッパのマックは液晶パネルでオーダーができるのですこぶる便利。ヨーロッパは多言語なのでカウンターで対応しきれないからかも知れない。§*78

ポリスや係の人にミラノカードの窓口を訊くが中2階だ、いや地下だ

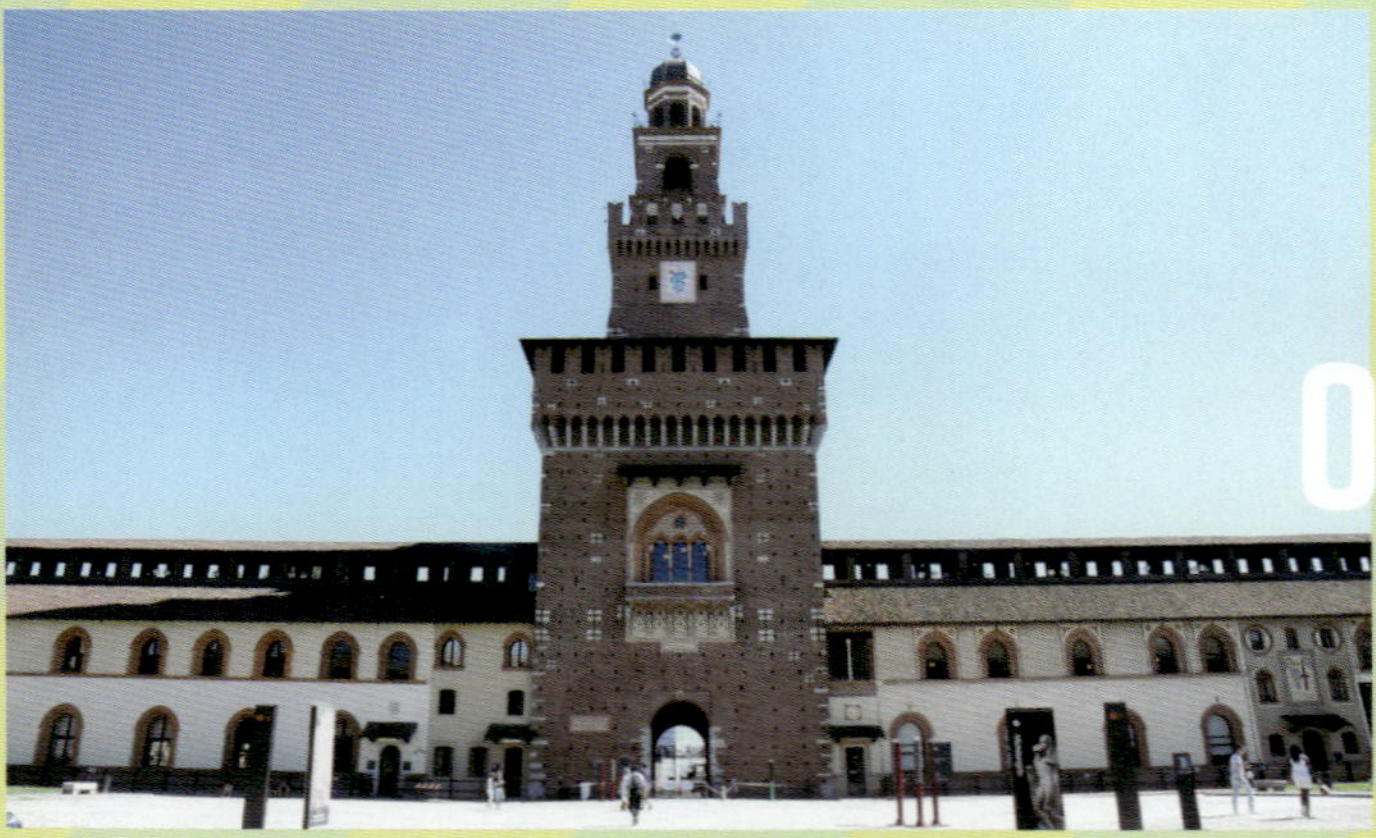

02

03

§*78

01

§*78

と答える人ごとに違う、我々も意見が分かれケンカになりそうになる。ポリスに訊いていると、そこに居合わせたおっさんが教えてくれてやっとたどり着けた。

カードを買う段で息子を見て「何歳?」と訊くので「12歳」と答えると、同僚と何事か話して「12歳から大人と同じだ」と言われ3枚購入する。息子に「11歳といえばよかったね」と言うと叱られた。

とりあえずスフォルツェスコ城を見るため地下鉄でLanza駅へ行った。美術展をやっていたが、特に興味がなく中庭と外観を見ただけで凱旋門に向かう。

センピオーネ公園を横切っていると日差しの当たるところでは焼けるように熱く、日陰はひんやりして気持ち良い。公園では現代造形が並ん

でいた。

凱旋門を見て、レオナルド・ダ・ヴィンチ国立科学技術博物館を見に行こうとするが、栞を見ると月曜日はお休みとなっていて明日に回すことにする。

ティチネーゼ門は少し遠いからと市街電車で行こうと言うと、息子がiPad のグーグルマップで市電ルートを検索し、停留所を探してくれた。

電車に乗っている間、頻繁にSUSHI の看板を見かける。少なくても5軒はあった。30年前には1軒もなかった日本料理の店がいたるところにある。すしは世界のブランドになっている。でもその99%は目端《めはし》の利く中国人の経営だろう。

MILANO

01/ ミラノ マグドナルド §*78 €16.30
02/ スフォルツェスコ城
03/ 凱旋門
04/ ティチネーゼ門
05/ ティチネーゼ門 旧門から新門を望む
06/ ティチネーゼ門（新）

先にサン・ロレンツォ聖堂を見て、ティチネーゼ門に行く。ティチネーゼ門は2箇所あり、古いほうの門を市街電車が単線になって通り抜けている。それをストリートビューで見て、本当に走っているところを見たかった。無事写真とビデオで撮って、新しいほうのティチネーゼ門も行ってみる。こちらは門を取り囲むように市街電車が走っていた。

ミラノに行ったら子供博物館がロトンダ・デッラ・ベザーナ Rotonda della Besana を見たいと思っていた。市街電車で行き、入ろうとしたが時間が遅いのと、そもそも今は夏休みで閉まっていた。

あきらめてその前のカフェでコーヒーと紅茶とジュースを頼む。店の人はからっきし英語がわからず、コーヒーとカフェラテと訳が分から

ない苦い飲み物をなんとか注文する。それでも、親切にしてくれたので機嫌よく店を出た。§*79

「夕食を食べて部屋に戻るか、戻ってから食事に出かけるか」

妻に尋ねると、

「部屋に戻り洗濯している間に食事がいい」

バスを乗り継いで部屋に戻り、洗濯機をセットして皆で夕食に出かける。

グーグルマップを使って近所に岬というSUSHIレストランを見つける。「火山」という寿司屋もあったが、岬は日本でもありそうな名前なので少しは期待が持てる。

店は中国人の経営で誰一人日本語がわからない。が、職人は日本で修業したことがあるに違いない。もちろんアボカド巻きなど欧化されてはいるが基本はきちんとしていて結構おいしかった。§*80

R/33

スフォルツェスコ城
1450年にミラノ公爵のフランチェスコ・スフォルツァがヴィスコンティ家の居城を改築して建設した城塞。

ロトンダ・デッラ・ベザーナ
昔、丸い煉瓦の中心にある建物は教会だった。現在は展示場になっており、その中に子ども美術館 Museo del Bambini Milano がある。

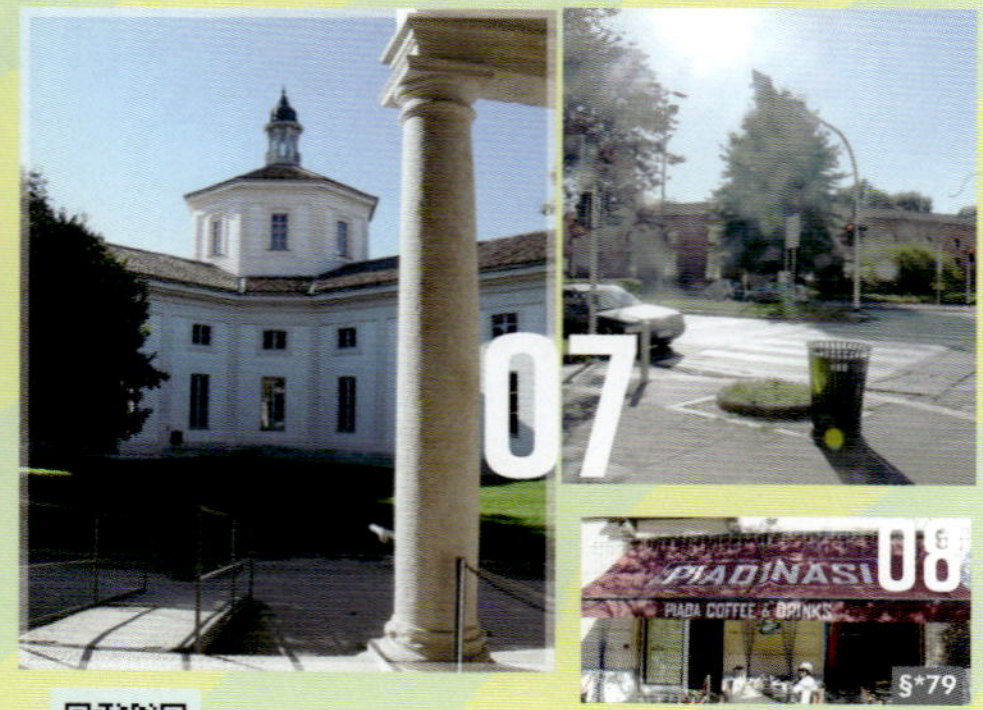

07/ ロトンダ・デッラ・ベザーナ
08/ 喫茶店 §*79 €6.50
09/SUSHI レストラン岬 §*80 €44.50

MILANO

R/33
TODAY'S ROUTES FOR AUGUST 22, 2016
歩行距離 7.3 KM

8月23日(火)
AUGUST 23

部屋を8時に出て地下鉄の Duomo 駅を出るとドゥオーモは目の前にそびえている。9時にチケット売り場でチケットを買うが、昨日買ったミラノカードを見せても何も割引はなかった。

ドゥオーモ は10時からなので隣のガッレリアに入ってみる。あまり縁のなさそうなおしゃれな店が並んでいるがどれもまだ開いてない。レストランも軒並み準備中で、朝食を取りたくても開いているのはマクドナルドしかなく、息子は少し渋っていたが他にないから仕方がないわな。

§*81

外に出てみると「むすび」というおにぎりの店があった。まだ開店前だったのであとで来ることにする。

ドゥオーモ の裏側を通りかかると

01

03

04

02

§*81

08

MILANO

05

07

06

09

01/ ドゥオーモ
02/ マクドナルド §*81 €10.10
03/ ドゥオーモ屋上へのエレベーター
04/ ドゥオーモ 飛梁
05/ ドゥオーモ 屋上
06/ 柱頭
07/ 祭壇
08/ ステンドグラス
09/ ドゥオーモ内部
10/ ドゥオーモ地下室

10

リフト乗り場だったので屋上に出る。素晴らしい彫刻と、ミラノの街並みを見下ろすことができる。特に尖塔の突端に立つ聖人のみならず、飛梁の飾り1つ1つがすべてデザインが違うことに感嘆する。

「このデザインを描いた人は本当に大変だったろうね」

「変なことに感心するんだ」

妻が笑う。

見終えて降りてくると12時前なので、先ほどのむすびに行きカレー丼とネギトロ丼と大福を頼む。店の人や職人が揃って言う「いらっしゃいませ」がなんとも懐かしい。立ち食いではあるが久しぶりの日本の味で幸せな気分になる。店を始めてから3年になるそうだ。安いしうまいのでお勧めである。§*82

ドゥオーモに長蛇の列ができていた。ミラノカードを持っていれば行列をカットできると書いてあるので先頭に行ってカードを見せるが、並べと言われ、食い下がるが、このカードはチケットを買う行列をカットできるのであり、入場チェックは同じように並べと言う。一瞬入るのをやめようかと思ったが2人が入る気満々なので暑い中1時間並ぶ。

係りの人が行列にやたら「キモノ」と叫んでいる。何のことかと思ったら、どうやら裾の長い上掛けのことで、ノースリーブや短パンの女性はそれを着ろと言っているようだ。

聖堂の天井はとてつもなく高く柱の間隔も広かった。これは飛梁効果だろう。ステンドグラスや彫刻はどれも当時の高度の造形技術を感じさせられる。「石柱をよほど精密に積み上げないと崩れ落ちてしまう、それが何百年もびくともしていないのは石工の技術がすごかったんだ」と息子に話すが聞いていない。

外に出て見ると列は4分の1ぐらいの長さになっていた。

ドゥオーモのすぐ隣のドゥオーモ美術館では彫刻を目の前で見ることができる。ここに展示されている彫刻はもとはドォーモの尖塔等にあったが、今は外されてここに展示され、代わりに今はイミテーションがついている。

ガッレリアを通って、マリーノ宮に行くが催事はなく中を見ることはできない。向かいのスカラ座も演目はなく扉を閉ざしていた。

昨日見れなかったレオナルド・ダ・ヴィンチ記念国立科学技術博物館を見に行く。息子に探してくれと頼むと、市街電車でPusterla di Sant' Ambrogioまで行き、博物館の前までスマホを見ながら連れて行ってくれた。

博物館でミラノカードを見せて息子は12歳だというと、ミラノカードの割引と未成年の割引は併用できない、どちらを使っても同じという。結局妻の分だけ割引。得をしたのは地下鉄市電バスが乗り放題なだけで、子どもと年寄りはミラノカードを買う意味はない。2日有効の電車チケットを買ったほうがよかった。

博物館は科学技術の歴史的展示物やレオナルド・ダ・ヴィンチが書いたスケッチに基づいて作られた模型などが大量に展示されていてそれなりに面白いが、動く展示はほとんどなく迫力に乏しい。それでも息子に講釈を垂れることができて私は満

12

11

§*82

11/ むすび §*82 €25
12/ ガッレリア
13/ ドゥオーモ美術館
14/ レオナルド・ダ・ヴィンチ記念国立科学技術博物館

13

14

ガッレリア

Galleria Vittorio Emanuele II

正しくはヴィットーリオ・エマヌエーレ2世のガッレリア　イタリア王国の初代国王ヴィットーリオ・エマヌエーレ2世にちなんで名づけられたこの場所は、最初、1861年にデザインされ、イタリアの建築家ジュゼッペ・メンゴーニによって1865年から1877年の間に建設された。

足、息子が喜んだかどうかはわからない。

6時前で、食事には早いが部屋に戻って出直すには遅い。ネットで「大阪」という和食の店を見つけ、名前からしてよさげだとMoscova駅に行く。店は開店前で、しばらくベンチで息子と漢字尻取りをやって7時に戻る。

店の前まで来ると従業員が看板を持って出てくるところで「いらっしゃいませ」と言われる。中に入ると従業員から一斉に「いらっしゃいませ」、黒人の従業員から「何人ですか」と達者な日本語で訊かれる。「3人」と答えると席に案内してくれた。

すし以外に丼物やまぐろのかまや餃子などもある。醤油ラーメンやうどんを頼むが、見た目も味もそのまんま日本だ。息子は、日本に帰るまで食べられないと嘆いていた稲庭うどんを、感激のあまりふるえながら食べていた。

量もまた日本式で少々足りなくてうな丼とみそ汁を追加で頼み3人で分けた。§*83

毎日暑いのに、料理はくどいものばかり。疲れてくると、息子と
「素麺食べた〜い」
「冷奴もいいねぇ〜」
「さっぱりしたものが食べた〜い」
と不毛な会話していると、夫から
「言っても無駄だから」と。
でも無駄じゃなかったね。

この先は当分本格的な日本料理は無理だろう。パリまで行けば食べられるかもしれない。

地下鉄のMoscova駅からUdineに帰ろうとするがグーグルマップでどう経路検索をしてもLanzaから乗る経路しか出ない。

Moscovaのほうが近いはずなので行ってみるとなぜかシャッターが閉まっている。係りの人がいたので訊くと、春まで閉鎖しているというが、説明をどう聞いても理由が意味不明であきらめてGaribaldi FSまで歩くことにする。

どうも内装改装中のようだ。グーグルマップ疑ってごめんね

道いっぱいに椅子を並べて食事や酒で大声で談笑している人たちを見ると、夜になると元気になるイタリア人なんだとつくづく思う。

ライトアップがされたガルバルディ門が見えてきた。夜景写真に凝り始めた息子が写真を何十枚も撮っていた。

しかし、道路は汚くて臭い。トイレに入れば、便座や鍵が壊れてる。ホテルのシャワーはまともに出ない。スーパーに行けば店員の態度が悪い。地下鉄に乗ればスリにあう。

「この旅行は、日本サイコ〜!って事を確認する旅ってことでOK?」と息子は何度も言っていた。

部屋に戻りPaolaに明日のチェックアウト時間を伝える。

R/34

MILANO

15/ ガルバルディ門（息子撮影）
16/ レストラン大阪 §*83 €86
17/ おしゃべり好きなイタリア人

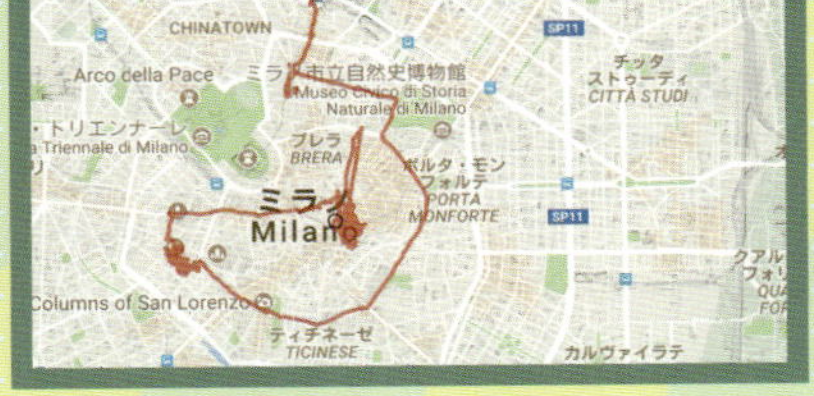

R/34
TODAY'S ROUTES FOR AUGUST 23, 2016

歩行距離 10.4 KM

8月24日(水)
AUGUST 24

ミラノを10時に出てジェノバに向かう。高速道路に入り直線の続くなだらかな道をハイペースで南下、途中サービスエリアで簡単な食事をする。§*84

ジェノバに近づくにつれ山道になり幅も狭く曲がりくねった道になる。息子がなかなか寝ないので車酔いしないようにスピードを落とし、ジェノバには12時過ぎ、Airbnbには予定時刻の1時ちょうどに着く。

ジェノバでガレー船

ホストAntonioに電話をするとすぐ降りて来て彼が指定する場所に路上駐車する。どうもイタリアAirbnbで駐車場有はどれも路上を意味するようだ。Ω»19

ここは部屋貸でトイレと食堂は共有である。部屋に招き入れられ鍵を渡され約束事を聞いてから、荷物を入れるとAntonioが

「昼はどこで食べるか、近所にもあるし、都心に行くならバスで10分だけどどっちにする?」

「近所の店がいい」

「いいバールがある。ただ英語は話せないけど」

「それでいい」

バール(簡易食堂)はお母さんと娘さんが家族でやっている下町の食堂という風情で、身振り手振りと片言のイタリア語で注文をする。妻は注文のやり取りはだいぶイタリア語でできるようになっているが、こちとらはからっきしなのでみんな妻にお任せ。食事は普通においしかった。§*85

部屋に戻ると部屋のセッティングが終わっていて、洗濯機や台所の使い方などの説明を受ける。市内の交

MILLANO>> GENOVA

01/ ミラノ➡ジェノバ
02/ サービスエリアで簡単な食事 §*84 €17.80
03/Airbnb Ω»19 ¥14245 / 2 DAYS
04/ ジェノバBAR §*85 €30

Piazza de Ferrari
ジェノバ フェラーリ広場

GENOVA

ジェノヴァ（Genova）は、ジェノヴァ県の県都。

歴史のある町並みが市内中心地に大きな規模で残っており、貴族の邸宅から庶民の町まで、中世自治都市の栄華を伝える雰囲気がある。

主な観光地として、王宮、ドーリア・トゥルシ宮殿、ドゥカーレ宮殿、サン・ロレンツォ大聖堂、赤の宮殿、白の宮殿、コロンブスの家、ポルト・アンティーコ（旧港）、海の博物館などがある。

通機関のことを訊くとAntonioは1回ごとに使う切符や4人単位で使う24時間有効のチケットの説明をして、ここで売ることもできるが買うかと訊かれたので買うことにする。

バスでガルバルディ通りに向かう。停留所から白と赤の宮殿に向かってガルバルディ通りを歩いていくと、行き過ぎて戻り、白の宮殿らしき建物で訊くとチケット売り場で買ってくれと言われ、さらに少し戻る。

売り場で訊くと12歳以下は無料だがチケットはいる、65歳以上なら割引があると言われ15ユーロ払って白の宮殿と赤の宮殿とトゥルシ宮の3つに入れるチケットを手に入れる

赤の宮殿はかなり広くて、多くの絵画と彫刻が飾られている。私たちが見たときは客もさほど多くはなくのんびり見て回れる。これで終わ

GENOVA

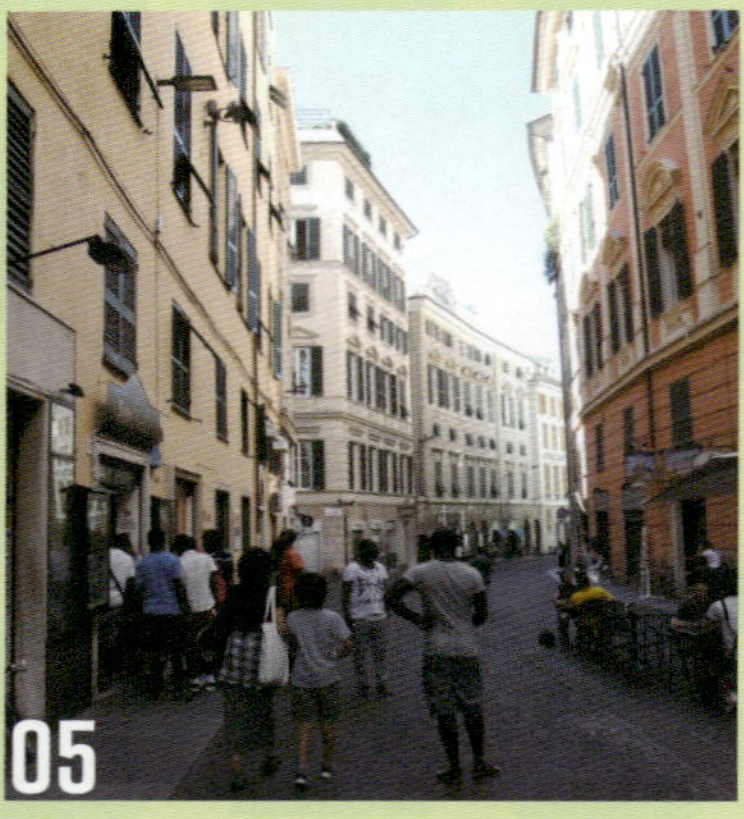

05/ ガルバルディ通り
06/ 赤の宮殿
07/ 白の宮殿
08/ 赤の宮殿
09/ 赤の宮殿屋上から見るジェノバ港
10/ バイオリンカノン

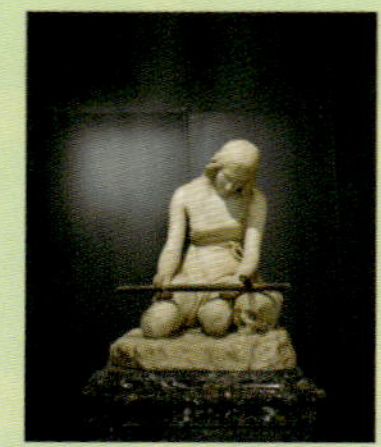

りかと思ったら係りの人がエレベーターで上がると屋上に出られると教えてくれる。

屋上に出てさらに階段を上がると赤の宮殿の屋根の頂点に上がることができる。そこから見たジェノバの町は北に山が、南に大きな港が見え、その間は建物が密集している。私の生まれた街神戸と似ていないこともない。

白の宮殿では、絵画だけではなくジェノバで出土した遺跡のようなものも展示している。そこにはカノンのバイオリンが展示されていて、息子に数億円はするはずと教えると腰を抜かしていた。バイオリンをやりたいかと訊くと、やってもいいが、と言葉を濁した。

宮殿を歩き回っていると、暇そうな係の人があっちに行けとかこっちだとか指示する。それに従って歩き回り、外に出たところに警官がいた。

「トゥルシ宮ってどこですか」

「ここだ」

出てきたばかりの建物を指さした。

夕食の時間なのでレストランを探すが見当たらず、明日行く予定のスピナータ・ディ・カステレッロの丘に登ることにする。急な階段を息子に尻を押してもらいながら登り切ると、眼下にジェノバの街が見えた。先ほどの宮殿屋上展望台も見える。しばらく写真を撮っていると、誰かが私たちの写真を撮っているので、私のカメラを渡して頼むと喜んで撮ってくれた。

「メールアドレスを教えてくれれば撮った写真も送ってあげる」

と言われリーフレットを渡す。

「これからフランス、スペインを回ってパリに行く」

「そうなんだ、僕たちはパリから来た」

「じゃ、パリで会えるといいね」

握手して別れた。

展望のいい広場で食事をしたかったが、そこにはオープンカフェがない。景色はいいし、ここにオープンカフェがあれば面白いぐらい流行ると思うが、なぜか何もない。探して歩くと路地裏に1軒だけバールがあった。§*86

従業員らしき人が賄いを食べているので、しばらく待ってから席に着く。食事をしたいというと、見せてくれたメニューはイタリア語で英語はない。あてずっぽうで頼んだがそれなりにおいしかった。また量が多すぎで食べきれなかった。

夕日が落ちて夜景になりかけているが、息子がISOや絞りをいじりながら何枚も撮っていた。

スピナータ・ディ・カステレッロから降りる段になって、エレベーターがあることに気づき手持ちのチケットで降りる。そこからグーグルマップで帰り道を検索してバスで帰った。

帰りのバスに乗って先に妻が席に着いたが、私と息子が4、5人の人に取り囲まれた。男が息子をハグして笑いながら話しかけている。そちらに気を取られていると、ポケットの財布につけた紐が手繰られていることに気づいた。強く払うと後ろに立っているおばんが素知らぬ顔で私の顔を見てる。息子を連れて妻のところに移動する。イタリアではすりにこれで3回目だ。

R/35

11/ スピナータ・ディ・カステレッロへの坂

12/ 路地裏バール §*86 €38

13/ ジェノバ　スピナータ・ディ・カステレッロから見たジェノバの夜景

R/35

TODAY'S ROUTES FOR AUGUST 24, 2016

走行距離 147 KM 歩行距離 6.2 KM

8月25日(木)
AUGUST 25

今日はジェノバの街中を中心に回る。

Airbnbで用意してくれた朝食を食べ、§*87 バス18番でアンヌンツィアータ広場Annunziataに出る。予想より狭い。そこから王宮に行き入場料を払って入る。外観はさほど大きくはないが、内部は王様の居城らしく煌びやかな調度品が並んでいる。

バルコニーに出て港を見ると、地中海フェリーなどの豪華客船が多く出入りしている。数百年前には、国王が、貿易や戦争準備に忙しくしている帆船を、この場所から見ていたのだろうとの思いにふけりながら眺めていた。

若い女性が呼び込みをしているレストランで食事をする。とりわけおいしいという事もない、普通。§*88

何度もストリートビューを見て楽しみにしていたガラータ海の博物館に行く。

館内はなかなかよく工夫されていて、特にガレー船の構造がよく分かるように、実物大で映像や人形で古《いにしえ》はかくあったと理解しやすく展示されている。外にも豊富な展示物があり、博物館の熱意を感じることができる。

潜水艦艦内の見学をしようとすると、チケットカウンターでヘルメットを借りてきてくれと言われる。

艦内は狭くてヘルメットをあちこちぶつける。何度もフラッシュが焚かれたのでなんだろうと思っていると、出口で自分の写真が売られているのを見て納得するが買わなかっ

01
§*87

02

GENOVA

04

03

01/Airbnb 朝食 §*87
02/ 王宮内部
03/ 王宮バルコニー
04/ 王宮
05/ レストラン §*88 €27.50
06/ ガラータ海の博物館外観
07/ ガラータ海の博物館 ガレー船
08/ ガラータ海の博物館 潜水艦
09/ ガラータ海の博物館　ガレー船 Galeone Neptune

た。

そこから燃えるような日差しの下、旧港を歩いていると水族館があり、息子が入りたそうな素振りを見せるが、時間の関係で先に進む。

サンロレンツォ教会前の広場にフルーツの店があり、フルーツフローズンヨーグルトを買って3人で食べる。この辺りはショップや観光客の行き来も多く、とても賑わっている。何か売っている人が私たちの姿を見て、日本語で「こんにちは」と声をかけて来る。彼らはどうして日本人と中国人と区別しているのだろう。

ドッカーレ宮に入るが絵画展をやっているだけなので抜けて、フェッラーリ広場に出る。広場の広

GENOVA

10/ ソプラーナ門
11/ コロンブス生家
12/ サンロレンツォ教会
13/ オリエント市場 Mercato Orientale
14/ ジェノバの港
15/ 中華の店 §*89 €27.50

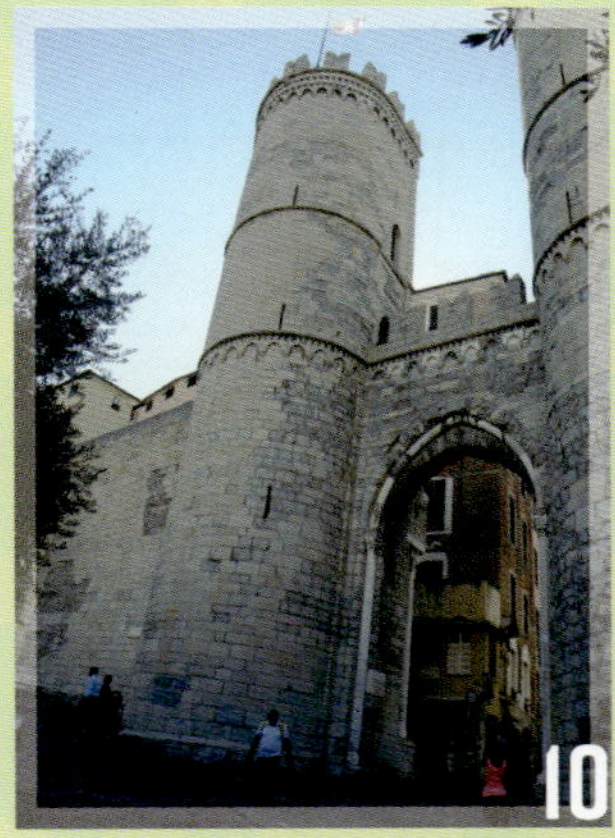
10

11

13

12

さと噴水の大きさがとてもバランスがよく美しい広場だ。ただ有名な割に人の数もショップもカフェも少なく閑散とした感じがする。

コロンブスの家は小さな建物に Casa di Cristoforo Colombo と布がかかっているだけであやうく見落とすところだった。2階建ての本当に狭い家でこんな家で育って歴史を変える仕事をしたのだ。でも2人で6ユーロは少し高い。

ダンテ広場が近くのはずだと探していたら、息子曰《いわ》く「目の前の小さな交差点」

ジェノバはこれでおしまいと思ったが、時間が余ってるのでオリエント市場 Mercato Orientale に行き青物、魚、肉、チーズの店を見て回る。

みんな暑さに疲れたので帰りはタクシーで宿に戻った。

夕食を食べに中華の店に行く。マーボ豆腐と豚肉の細切りと餃子を頼むが、マーボ豆腐と豚肉がひどく辛くて汗みずくになってしまった。§*89

明日からはいよいよイタリアから、旅の後半フランスに入る。

R/36

14

§*89

15

R/36

TODAY'S ROUTES FOR AUGUST 25, 2016

走行距離 147 KM　歩行距離 6.4 KM

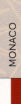

Chapter 7

FRANCE

CÔTE D'AZUR

コート・ダジュール（Côte d'Azur）は、フランス南部に所在する、風光明媚な保養地として知られる海岸。ふつうトゥーロンを西端、イタリア国境を東端とする地中海沿岸の一帯を指す。

フランス

8月26日(金)
AUGUST 26

ジェノバを8時半出発。地中海沿いに快調に走ってフランスの国境を一瞬で通過。

そのままモナコ公国に入るがどこが国境か全くわからない。モナコは断崖絶壁のすそにへばりつくように街があり、高速道路から九十九折で降りていく。

モナコで粗相

駐車場に車を入れるのにてこずり、トイレが見つからず、ズボンを濡らしてしまった。とりあえず、履き替えてビニール袋に押し込んだ。年のせいかトイレが近い。

昼近くになってしまったのでハンバーガーを食べる。§*90

イタリアではウェイターはほとんど中年男性だったが、モナコでは若

02

01

MONACO

01/ フランス国境
02/ モナコ　大公宮殿
03/ ハンバーガ - §*90 €22.70
04/ モナコ市街
05/ 地中海を望む
06/ 観光案内書 スタンプを押してくれる

05

03
§*90

04

06

い女性が多い。町はとても整然としていて、パンくずをこぼすのも気が引けるほどである。

大公宮殿に行ってみようと急な坂を上って行く。宮殿は美しい色彩で彩られていたが決して華美ではない爽やかな建物である。ただ、衛兵はどう見ても宮殿前でぶらぶらしているとしか見えない。

土産物屋を見て歩く。ハンサムな警官がいたのでパスポートに入国スタンプを押してもらえる場所を尋ねるが「よくわからない」と言われる。

日本女性がハンサムな警官に道を訊いたら口説かれ、結婚したら大富豪の息子だったという話を妻にしたら、そういう話は結婚する前に教えろと怒られた。

モナコ・グランプリのコースを大

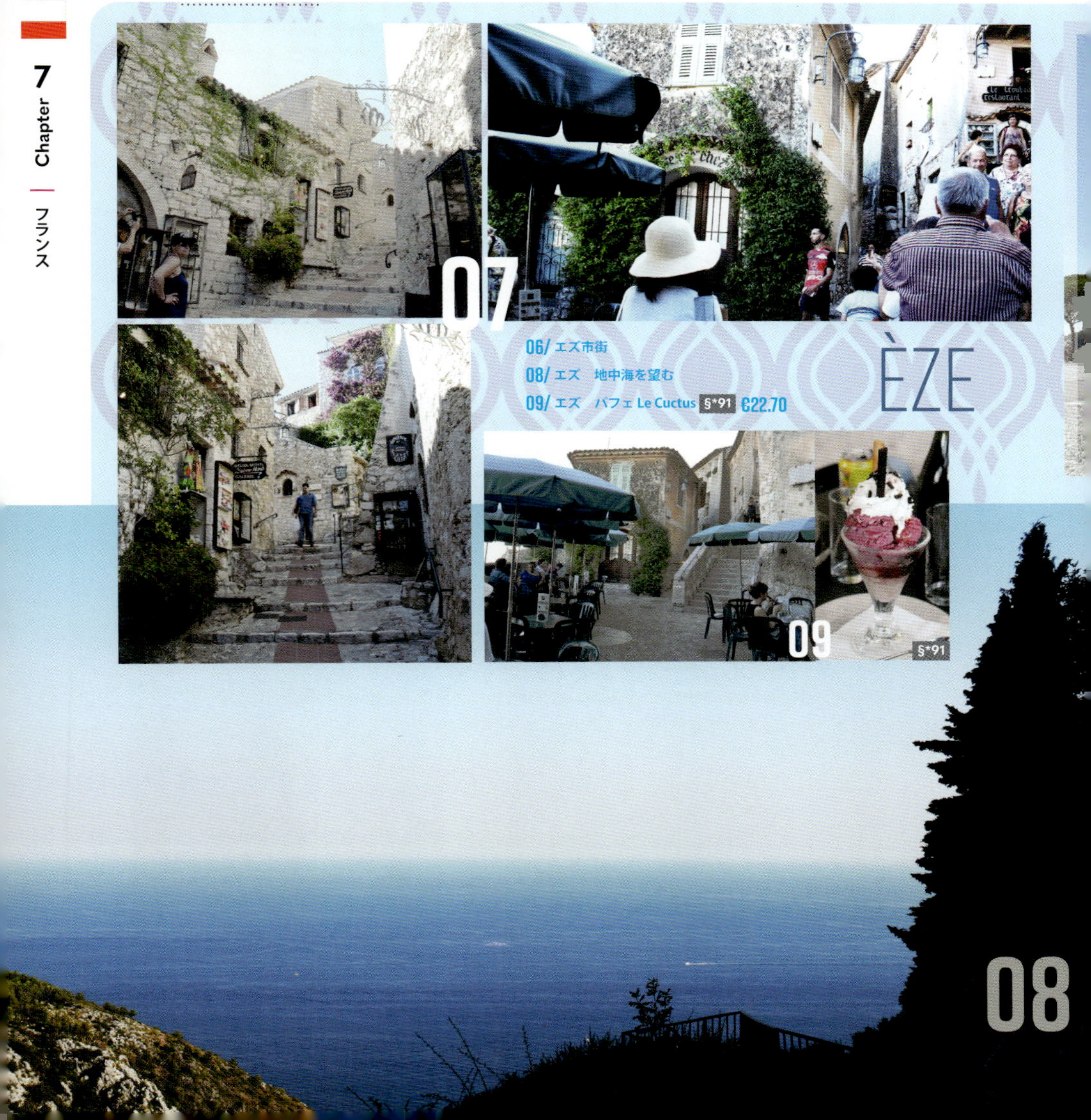

06/ エズ市街
08/ エズ　地中海を望む
09/ エズ　パフェ Le Cuctus §*91 €22.70

ÈZE

渋滞でのろのろと走っていると、カジノの近くにインフォメーションを見つける。入って、入国スタンプを押して欲しいと言うと快く無料で押してくれる。モナコ・グランプリのコースは最後よくわからなかった。

　ホテル代が高いのでモナコは泊まらずエズに向かう。海岸沿いの曲がりくねった道を行くと、いつのまにかフランスに入っている。この道はオープンカーで走りたかった。

エズでお勘定

エズでは駐車場が満車で、しばらく様子を見ていたら目の前の車が出て行って首尾よく駐車できた。

　エズは岩山をくりぬいた要塞のような村だったが、今ではそこそこの観光地として人を集めている。息子はローマやアテネのような大都会ではない田舎の観光地のほうが楽しいと言う。私もそう思う。

アイスなどを食べて休憩してからニースに向かう。ここもウェイトレスは若い女性だ。 §*91

　フランス語で「お会計お願いします」と言おうと、グーグル翻訳で調べていると、スマホがフランス語で読み上げて、それを聞いたウェイトレスが「分かりました」と言って伝票を持ってきてしまった。自分で頼みたかったのに。

相変わらず蜿蜒《えんえん》とした海岸線をゆっくり走ってニースのAirbnbについた。

ニースの海

SNSで到着を知らせても電話をしてもAirbnbのホストが現れないので、部屋を探しているとホストMarciaから声をかけられる。ニースは広めの1部屋貸しでMarciaは

10

英語がなんとか通じるおばさん。Ω»20

部屋を案内してもらってから、

「洗濯機を借りてもいい？」

妻が訊くと、

「どうぞどうぞ」

妻が私のズボンだけを洗おうとすると、

「それだけ？」

「フランスでは水と電気は高いから一緒にこれも洗うよ」

Marcia はほかの洗濯物も押し込んだ。

「あっ・・・、ま、いいか」

夕食をしにニースの旧市街に車で行ったが、道は曲がりくねっていてGPSなしではとてもたどり着けない。

旧市街を歩いて繁華街につくと、

道路いっぱいにテーブル椅子が並んでみんな歓談をしている。イタリアも同じだったが、フランスのほうが話し声が静かだ。

息子は鳥のからあげ風、妻はパスタ、私は鮭の料理を頼み、どれもそこそこおいしかった。§*92

くねくねと続く道を走って部屋に戻った。

R/37

10/ エズ➡ニース 地中海沿い
11/ Airbnb Ω»20 ¥6904
12/ 旧市街
13/ レストラン §*92 €56

NICE

R/37

TODAY'S ROUTES FOR AUGUST 26, 2016

走行距離 211 KM 歩行距離 7 KM

8月27日(土)
AUGUST 27

ニースのAirbnbを10時ごろ出発。昨晩夕食を食べに行ったニースの海岸にもう1度行く。明るくなって見ると広場は広く、中央をトラムが走っていて絵のようだった。海岸を散歩しながら写真を撮ったが、とても静かで豊かさを感じる。11時エクサンプロヴァンスに向かう。

サービスエリアのマックで食事をする。

妻と運転を交代するが、料金所の支払いでわき腹をつり、次のサービスエリアでまた交代し、エクサンプロヴァンスに到着。

エクサンプロヴァンスの噴水

ここからプロヴァンス地方に入る。死ぬほど暑くて途中でかき氷をせがまれ、さらにカフェ§*93で一服して噴水を見てからマルセイユに向かう。

01/ 新市街
02/ 市街電車
03/ ニースの海岸

マルセイユの港

30分ほどでマルセイユに着くが右も左もわからない。ダウンタウンで駐車場に停めて歩いてみるが、お世辞にもきれいとは言えない街で、早々に車に戻った。

それでもマルセイユに来たら港を見ないわけにはいかない。ところが港沿いの道は1車線をのろのろと動くだけで、どこにも停める余地もない。やむを得ず車からカメラを突き出して適当に撮る。港にはやたらとヨットが多く大きな船は見かけなかった。マルセイユとニースは近いが環境は雲泥の差を感じた。

宿を決めていないので、アルルの方向で検索し、マリニャーヌのイビススタイルホテルにする。ホテルのゲートが閉まっていてインターホンで頼んで開けてもらう。値段の割に

AIXEN PROVENCE

04/ ロトンド大噴水
05/ 苔噴水
06/ 王の噴水
07/ 喫茶店 §*93 €26.50

エクサンプロヴァンス

ラテン語のアクア（水）から転訛したエクスの名が示すとおり、街中の至る所に大小の噴水が湧き出している。ミラボー大通りに並ぶ4つの噴水を見たが、他にもルネ王の噴水、マザラン地区にある4頭のイルカの噴水、旧市街の市庁舎の噴水、アルベルタの噴水などがある。

部屋も共有部分もきれいなホテルである。Ω»21 ホテルのディナーは肉が少し硬かったがおいしかった。§*94

R/38

MARSEILLE

08/ 船をイメージした市街電車と市街
09/ マルセイユ港
10/ ホテル イビス Ω»21 €24
11/ ホテル イビス 夕食 §*94 €42

R/38

TODAY'S ROUTES FOR AUGUST 27, 2016

走行距離 271 KM 歩行距離 7.2 KM

LA PROVENCE

プロヴァンス（La Provence）は、現代フランスの南東部で、東側は対イタリア国境、西は標高の低いローヌ川左岸まで。プロヴァンスの名は、ローマ時代のプロウィンキア（Provincia、属州）にちなむ。

今回はエクサンプロヴァンス、マルセイユ、アルル、レ・ボー、サン・レミ。アヴィニョン、それとポンデュガール、ニーム、モンペリエも今回含む。

8月28日(日)
AUGUST 28

朝8時にホテルのビュッフェで食べた朝食は今までで一番いい。§*95
アラモンのAirbnbのホストPinouに7時ごろに着く予定とメールを送ると、

「自分はいないがカギはパブ16に預けてある」

「パブ16ってなに？　駐車場は？」

「行けばわかる。駐車場も心配しなくて大丈夫」

と返事が来た。

10時アルルに向かう。カーナビではエクサンプロヴァンス経由にされるので、田舎道のマルティーグ経由を指定する。

途次、右エストマック池、左海に挟まれた道を抜けると見渡す限りの

ARLES >>ARAMON

01/ イビス朝食 §*95
02/ マルセイユ➡アルル
3年ぶりの地平線
03/ レストラン La Caravelle §*96 €24
04/ アルル コンスタンチヌスの浴場

地平線に出た。

アルルはゴッホ

アルルのコンスタンチヌス共同浴場に向かう道が、ひどく狭く曲がりくねっていてこすりそうになる。

駐車場が2時間までしか停められないので、目の前のレストランで昼食にする。

持ってきてくれたメニューがフランス語で全く読めない。英語メニューはないかと訊くとないと言われ、目見当でエイやっと注文する。サンドイッチ2つとピザを頼んだが今回も多すぎ。味は普通だった。§*96

ここはローマのカラカラ浴場と比べて10分の1ぐらいの規模で、悪くはなかったがカラカラを見ていれば見なくてもいいかもしれない。

次にレアチュ美術館に入る。ダリ

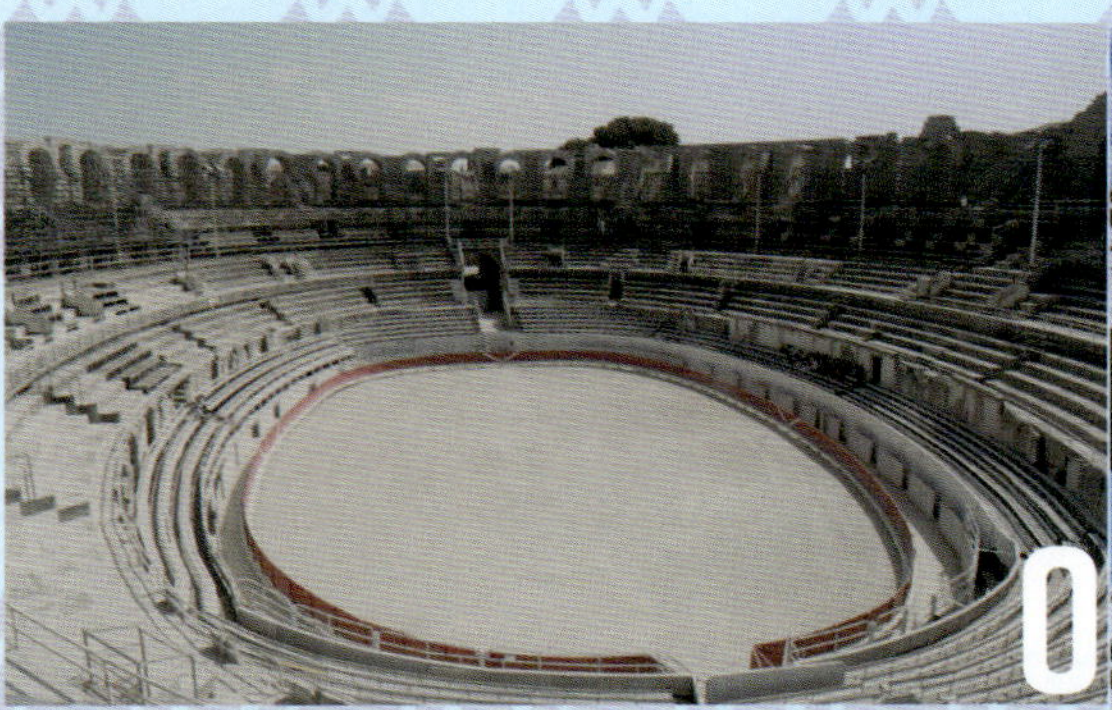

05

07

06

08

09

05/ アルル　円形闘技場
06/ アルル　円形闘技場 塔の上から
07/ アルル　古代劇場
08/ アルル　レアチュ美術館
09/ アルル　跳ね橋（復元）

コンスタンティヌスの公衆浴場
Thermes de Constantin

現存する古代ローマ時代の公衆浴場跡。4世紀にローマ皇帝コンスタンティヌス1世がアレラーテ（現在のアルル）に逗留していた際に建造されたものである。トルイユ公衆浴場（Thermes de la Trouille）とも呼ばれる。

レアチュ美術館
Musée Réattu

アルル出身の画家レアチュの作品だけでなく、プロヴァンス派の絵画や彫刻、ピカソのデッサン、現代の写真アートなども展示。もとは15世紀のマルタ騎士団修道院だった。

円形闘技場
Arles Amphitheatre

1世紀ごろ造られた、フランス最大級の古代闘技場で、最も広い所で直径136m。現在はコンサートなどに使われている。世界遺産。

古代劇場
Théâtre Antique Arles

円形闘技場とは異なり、劇場で披露されたのは演劇であった。古代ギリシャ式や古代ローマ式の喜劇、悲劇、パントマイムなどが供されていた。現在も使われている。世界遺産

風の変な椅子が印象に残った。

車を出し円形闘技場に向かう。円形闘技場はローマコロシアムと比べると半分ぐらいだが、今でも何かのコンサートなどに使われていて、そのための鉄パイプの仮設座席が組み込まれている。これはいささか。

古代劇場も何かに使われていてモダンな椅子やステージと風雨に打たれた遺跡の取り合わせに違和感がぬぐえない。

アルルの跳ね橋を見るために少し回り道をする。ゴッホが描いたときの跳ね橋はすでになくなってその後復元したそうだが、どうせ復元するなら橋だけでなく川岸も復元してくれたらよかった。

12

栞に入れておいたのにエスパス・ヴァンゴッホを見損なったのは痛恨の極みだっ。

アラモンの祭り

プロヴァンス地方の観光地は数多くあるが散らばっているので、そのほぼ中央であるアラモンを基点とする。

6時半にアラモンに着くと市街地は車両進入禁止になっている。仕方なく街の外の駐車場に車を止め歩いて入って行く。

ホストが言うパブ16が見つからず、右往左往していると息子がイベントのトラック屋台で隠れていたパブ16を見つける。

「Pinou から鍵を預かっていないか」と訊くと、「何のことだ」と言われるが、メールを見せると奥から鍵を持って来た。

建物に戻り扉を開けようとするがどうやっても開かない。鍵を相手に3人で交代で悪戦苦闘していると、通りすがりのフランス人が「貸して」と声かけてきて、難なく開けてくれた。

どうやっても開かなかったのが1度開くのを見ると次からは簡単に開くようになるのは不思議だ。

部屋は丸ごとで2部屋あり思ったより広いが、生活感が溢れる部屋である。スーツケースを駐車場から部屋まで運ぶ。Ω»22

そのころから市街地ではコンサートが始まり、椅子テーブルを並べ、人が次々と集まって来ている。

荷物を整理してから食事のため出かける。中心地はコンサートで騒がしいので避けて街中を歩き回る。街

ARAMON

11

10
Ω»22

13
§*97

14

10/ Airbnb Ω»22 ¥13043/ 3 DAYS
11/ アラモン市街
12/ フェスティバル
13/ 屋台 §*97 €22
14/ 射的

は田舎町でとても静かで情景もよく親しみのある街である。

日曜のせいか、どのレストランも開いていなくてコンサート会場に戻る。

夕食を買おうとトラックの前に行く。なぜかこういうことになると一番英語が話せない私が買いに行くことになる。何人か買おうとしている人がいるが、並んでる訳でもないので、黙っているといつまで待っても買えない。「ボンソワール！（こんばんは）」と叫んでやっと店員が注文を聞いてくれる。でもこっちはフランス語、分からないし、相手は英語、分からない、全部「これ！」と言いながら指さして注文した。日本語で押し通す。英語できなくても問題ないね。

トラックの屋台でサンドイッチとポテトを買って そのあたりのテーブルに座って食べようとすると、おっさんが寄ってきて何事かフランス語で話しかけて来る。

「英語で」と言うと肩をすくめて戻って行った。席料が必要だったのかもしれない。§*97

息子が射的をやりたいと言い出したのでゲームのエリアに行き、4ユーロ払って3発の玉を買う。射的場の人に教わりながら風船を撃ち2発当てたところ、懐中電灯を獲得した。

部屋に戻り、2人はインスタント味噌汁を作って食べていた。

ブログを書くためにネットにつなごうとしたが、Wi-Fiもなく頼みのiPadもほとんどつながらない。ベランダの1カ所だけ繋がるがすぐ切れ、あきらめる。フランスはつながりにくい。

R/39

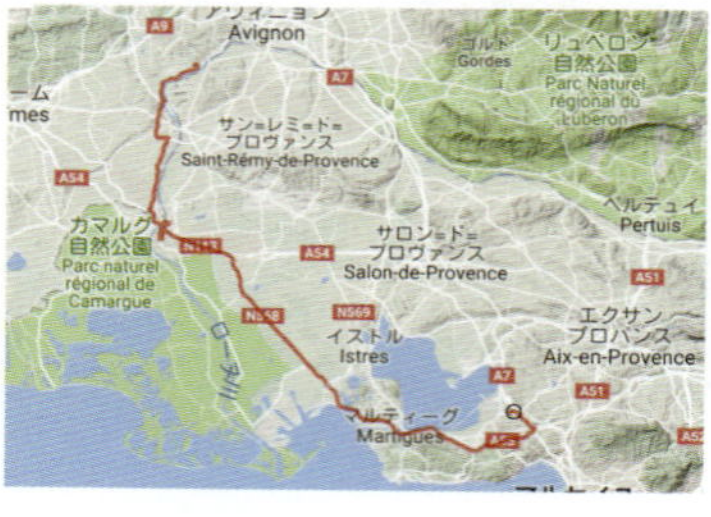

R/39

TODAY'S ROUTES FOR AUGUST 28, 2016

走行距離 210 KM　歩行距離 6.8 KM

8月29日(月)
AUGUST 29

妻は昨晩のコンサートが1時過ぎまでやかましくて寝られず、「隣近所からクレームが出ないんだ、日本じゃ考えられない」と怒り心頭だった。

11時過ぎに部屋を出る。

オランジュの劇場

11時半にオランジュに着き、朝昼兼用の食事をしようとレストランをいくつか廻ったが、どこも英語のメニューがなく、Wi-Fiも使えない。あきらめて適当なバールで食事をする。§*98 安いがいまいちだった。

SLバスが停まっているので乗ろうとするが、次の便が2時で1時間待てと言われ、止めてローマ劇場に入

01/ オランジュ 朝食 §*98 €23.50
02/ オランジュ　ローマ劇場
03/ オランジュ　美術館
04/ オランジュ　凱旋門

San Cathédrale Teodori

05/ ユゼス　サン・デオドリ聖堂
06/ ユゼス　サン・デオドリ聖堂の塔
07/ ユゼス　サン・デオドリ聖堂内

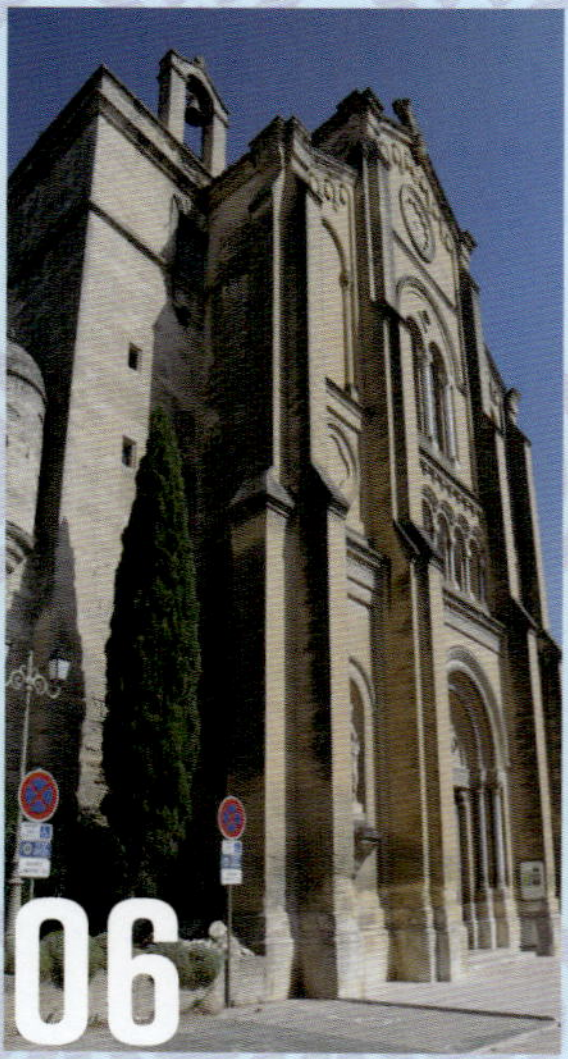

る。

入り口でニームの共通チケットを買う。この劇場は現在も時折使われているらしいが、なるだけ既存の建造物を変えないようにしているのは好ましい。

古代劇場わきの美術館も同じチケットが使えるので入ってみるが、よく意味が分からず一通り見てすぐ出る。

凱旋門まで車で行き、写真を撮る。

ユゼスの塔

次の目的地ユゼスは少し離れている。目立つ建物の敷地に止めて駐車料金を払い、入ってみるとサン・デオドリ聖堂だった。この教会の塔がロマネスク様式で少し変わった形をしている。

歩いて5分ぐらいのところにユゼス家の公爵邸（ユゼス城）があり、入場料は子供は無料だが、2人で50ユーロだと聞いて息子が渋るがせっかく来たのに中に入らずに帰るのはどうかと言って無理に入る。

城の塔は階段が螺旋になっていて極めて高く、妻はなんで金払ってまでこんな辛い思いしないといけないんだとぼやいている。景観を見て改めてフランスには山がないのだと思った。

降りてくるとガイド付きで城を見ることができると、受付の女性が城の各部屋を見せてくれる。この人はガイドといっても英語が話せないので、ただ各室のドアを開けて見せてくれるだけ。

今日のメイン、ポン・デュ・ガールに向かう。ナビの指示どおり走ると有料駐車場に入って行った。

UZES

le Duche

08/ ユゼス家の公爵邸　城門
09/ ユゼス家の公爵邸 塔
10/ ユゼス家の公爵邸　王室
11/ ユゼス家の公爵邸　ワイン倉庫

ポン・デュ・ガール水道橋

車を止めて歩くと建物でチケットを売っている。そこでストーンヘンジのことを思い出す。あそこもチケットを売っているが、そのチケットは美術館のチケットでストーンヘンジを見るためのものではなかった。チケット売り場を無視して入ろうとすると、息子が「チケット買ったほうがいい」と引き留める。構わず先に進むと大きな水道橋が見えて来る。そのスケールの大きさはこれまで見た水道橋の倍ぐらいある。橋を造ったローマ帝国の土木工事の素晴らしさを息子に話しかけると「何度も聞いた」と断られる。

3段になっている水道橋を渡った先に階段がある。上ると最上部に行くことができる。今は流れていないが、水が流れる溝や、橋に続く山を穿《うが》った穴を見ることができる。

7時に車に戻り、途中で食事ができるところを探したが見つからずアラモンまで戻ってしまった。

アラモンでは相変わらずコンサートが続いていて、他にレストランもないし、妻がトラック屋台にピザを買いに行く。§*99

メニューはないし、フランス語で1つしか知らない「マルゲリータ」と叫ぶとすぐ出てきた。

息子はマロンクリームのクレープを食べていた。

R/40

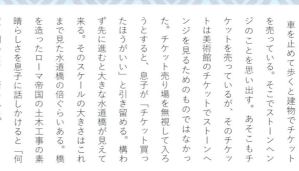

Pont du Gard

12/ ポン・デュ・ガード　水道橋
13/ ポン・デュ・ガード　水道橋最上部
14/ ポン・デュ・ガード　橋桁
15/ アラモン夕食 §*99

R/40

TODAY'S ROUTES FOR AUGUST 29, 2016

走行距離 **40** KM　歩行距離 **8.5** KM

8月30日(火)
AUGUST 30

朝、ベーカリーに行きクロワッサンとアップルパンを買い、コーヒーを入れて朝食をしていたら、妻も同じように買いに行き、続いて息子が起きて私と妻が買ったパンの残りを食べていた。§*100

9時レ・ボー・ド・プロヴァンスの光の採石場に向かう。

レ・ボーの光

「採石場って何？」

息子が振り返り訊いてくる。

「ヨーロッパはほとんど石を積んで家を作っているだろ、その建材になる石を切り出した場所だ」

歩きながら説明し、

「見れば分かる」

と背中を押す。

中に入ると音楽が鳴り響く真っ暗闇の中にゆっくりと映像が見えてく

LES BAUX PROVENCE
Carrières de Lumières

01/ 朝食ベーカリーで §*100
02/ プロバンス、光の採石場入口
03/ プロバンス、光の採石場

る。かなり広いスペースに石を四角く切り取った跡が壁や床に残り、そこに幻想的な光陰が流れ、一種異様な雰囲気を醸しだしている。観客はそこそこいて三々五々歩きながら見ている。

写真で見てこれは行きたい！と思ったが、想像以上でしばらく息を呑んで見つめていた。

映像が途切れると、ほの灯りに白い石切り場が浮かび上がってくる。

息子を呼び止めて、

「分かった？」

「ようく分かった」

レ・ボーの城塞に移動する。

岩だらけの土地に作られた小さな町だが入り組んだ道と小さな商店が並び、その先に古城がある。小さな町で英語が使えない店に入るのは懲りたのでケースに食べ物が並んでい

LES BAUX-DE-PROVENCE

Le Chateau des Baux

04/ 昼食 §*101 €20.50 まずい

05/ レ・ボーの城塞　街区

06/ 城塞エントランス

07/ 城塞　投石器

08/ 城塞　作業場

09/ 城塞　芝居

る店に入る。ところがどれもおいしくなくて残して§*101しまった。

ヨーロッパの古い街ではどこでも戦いのため、狭い道と岩と城壁が入り組んで作られている。そういった町には新しい落書きは見当たらないが、古い数百年前に刻まれた落書きが風雨でそれ自体空間を彩っていて美と生活感が共存している。

レ・ボーの要塞もそういう町の中にある。観光地には人形に昔の装束を着せ置いてあることが多いが、ここでは当時の衣装を着た職員が作業をしている。

その人たちが集まって何か始めた。見ていると昔の戦いや生活を演じているのだと気づく。私たちもその劇を楽しむことができた。終わってから、フランス語で皆の説明を始めるがそれは皆目わからないので次に向かう。

サン・レミでお茶

サン・レミ・ド・プロヴァンスには古代遺跡が残っていて紀元前6年ごろに作られた凱旋門がある。パリなどにある凱旋門の初期原型で非常に印象深い。

その近くのグラヌム遺跡は、ポンペイの遺跡に比べるとかなり崩壊している。

歩き疲れたのでウェイターが1人で暇そうに本を読んでいるカフェでお茶にした。

アヴィニョンで踊ろ

サン・ベネゼ橋に行き妻と息子には輪になって踊ってもらう。息子がやる気がないので文句を言うと、

「そんなことで面白がる歳じゃない」

とほざく。

通りがかりの人が「いいね！」

SAINT-RÉMY-DE-PROVENCE

Glanum

09/ サン・ミレ凱旋門
10/ グラヌム遺跡
11/ グラヌム遺跡

と親指を立てた。

出口に0ユーロ記念札を2ユーロで売る自販機がある。息子がそれを見て

「2ユーロ下さい」

手を合わせるので、

「写真撮るときもやる気を出してほしいな」

見た目楽しそうにもう1度踊って見せた。

アヴィニョン教皇庁は期待したほど素晴らしい建物ではなく、1300年代の建築物でもこれほど崩落するのかと、2000年前の水道橋の堅牢さに改めて感動する。(後でわかるが、勘違いであった)

7時になったのでいつもの息子の希望で日本食を探す。カーナビを車

AVIGNON

12

13

15

12,15/ サン・ベネゼ橋
13/ アヴィニョンの橋の上で
14/ 橋から見るローヌ川
16,17/ アヴィニョン 教皇庁
18/SUSHI BALL §*102
19/ アラモン市街

16

17

アヴィニョン教皇庁

Palais des papes d'Avignon

1309年から1377年まで7代にわたる教皇のアヴィニョン囚から教会大分裂の時代、南フランスのアヴィニョンに設けられていた教皇宮殿

から持ち出して検索しながら歩くとSUSHIが見つかる。そこはSUSHI BALLという丸い寿司だ。息子は手巻きずし、妻は寿司ボールを、私は上にしゃけとマグロが乗ったチラシを頼む。§*102

2人は微妙な顔をしているが、私が今までのSUSHIレストランで1番おいしいというと、2人はちらしを少し食べて確かにとうなずいた。2人のSUSHIは握りが強すぎて米がつぶれていた。

日が暮れてアラモンに戻る。祭りは完全に終わっている。車が中まで入れるようになっているので、部屋の前に止めようとすると犬の散歩をしていた人が寄って来てフランス語で「ここはだめだ」と言う。

よくわからないがどうやらこの周辺は住人しか止められない、外部の人が止めると罰金になるらしい。そこまで言うならやめようと町の外の駐車場に車を移動して部屋に戻った。

R/41

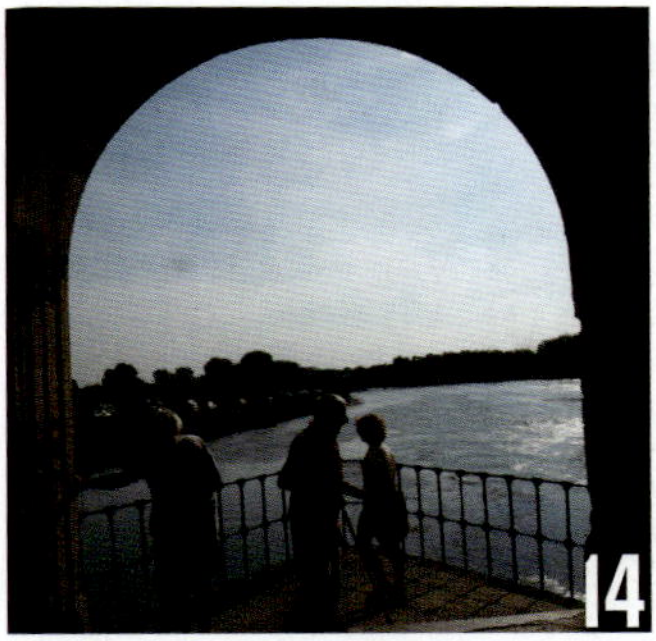
14

18
§*102

19

R/41

TODAY'S ROUTES FOR AUGUST 30, 2016

走行距離 46 KM　歩行距離 1.3 KM

8月31日(水)
AUGUST 31

起きて外を見ると道路に物販車両が並んで市の準備が始まっている。どうやらこの場所に車を停めると市が開けないからダメだという意味だったらしい。

9時ごろカギをパブ16に渡してアラモンを後にした。

それにしてもPinouは鍵の受け渡しでも1度も顔を見せず。祭りは1時ごろまでやかましかったし、ネットにはつながらないと、さんざんだった。その代りお祭りが見れたからま、よしとするか。

ニームでシム

ニームには11時ごろ着く。アラモンでネットがほとんどつながらなかったので、Wi-Fiが使えるマクドナルドに入る。§*103

ネットで確認し話し合いの結果、

ARAMON>>
NÎMES

01

02 §*103

03

04

05

06

01/ アラモン　市の準備
02/ ニーム　マクドナルド §*103 €23.15
03/ ニーム　フォンテーヌ庭園
04/ ニーム市街
05/ ニーム　メゾン・カレ方形の家
06/ ニーム　円形闘技場

メゾン・カレ方形の家とフォンテーヌ庭園を見に行くことにする。途次電話の Free ショップを見つけ順番待ちの紙を取って方形の家に行く。

中に入ると小さなシアターになっていて映像を見たら外に追い出された。内部装飾などなにも見ることはできない。

Free ショップに戻り SIM を買おうとするが窓口の人が英語が全く分からない。観光地の電話ショップなら英語が分かる人を置いておいてほしいものだ。

だから予約の前に英語話せるか聞いといたほうがいいと言ったのに。

フォンテーヌ庭園は神殿や劇場などがあった場所に壺や石像を配置してあるそうだが、説明書きがフランス語だけでまるで分からない。

遅くなったし、大して見るものもないのでニームは早々におさらば。途中円形闘技場が見えたが写真を撮っただけで、モンペリエへ。

モンペリエの水道橋

4時モンペリエに到着。水道橋の真下に車を止めて階段を上がってペイルー公園と水道橋を見る。水道橋と公園がどうつながっているかストリートビューで見てもよくわからなかったが納得する。そこから凱旋門まで見に行く。

車に戻り今日の目的地カルッカソンヌに向かう。

ラウンドアバウトが次々と続くが、妻が突然「カーナビを歩行モードのままにしていた」と叫び、改めてドライブモードにして高速道路に入りなおす。サービスエリアで軽油を入

07

08

MONTPELLIER

07/ モンペリエ　ペイルー公園と水道橋
08/ モンペリエ　水道橋から公園を望む
09/ モンペリエ　ペイルー公園
10/ サービスエリアでお茶 §*104 €22.0

10
§*104

09

れ、お茶にする。§*104

カルカソンヌの豚

カルカソンヌはアメリカの友人が勧めてくれたゲームで知り興味を持った。ルートから少し外れているがどうしても行きたいと栞に潜り込ませた。

カルカソンヌに7時過ぎに着く。車を止めて妻と息子がAirbnbのホストのMarcelleを探していると、車が来てリモコンで鉄扉を開けて入っていくのを見かける。

「済みません、Marcelleの家を知りませんか」

その運転手に声をかけると

「それはうちの隣で、あなたたちが来ることは聞いているよ」

隣の家を指差した。ホストのMarcelleに会い、確認して車を敷地に入れた。Ω»23

Marcelleは私たち3人と順番に挨拶のハグをした。息子には特に熱いハグをして、息子は困惑気味だったが、されるがままになっていた。

彼女が「アングリ?アングリ?」と訊いてくる。「ハングリーじゃないよね?」

スマホを操作しながら「アングリ?アングリ?」とまだ言っている。翻訳ソフトを日本語に設定しても分からない。英語に変更してなんとか分かる。アングリと聞こえていたのはフランス語で英語(anglais)のことだった。

家は2階建てで2部屋貸し、敷地内に駐車場もある。Marcelleは中年女性でフランス語しか話せず、彼女の翻訳機でも日本語が意味不明。娘さんに電話して通訳してもらうが

フランス語なまりでやはりよく分からない。結局 iPad のグーグル翻訳で通じた。

Marcelle のお嬢さんが使っていた子供部屋が空いたので貸しているのだろう。

荷物を部屋に入れてから10分ほどかけてカルカソンヌに食事をしに出かける。

市街に入ると想像以上に中世の空気を漂わせ、さらに上品な照明を配置した麗しい町であった。中世の戦う町の中でも極め付けだろう。

坂の途中に日本語のメニューが出ていたレストラン S'Entina に入ってみる。§*105 少しだけ英語ができる若者がめんどくさがらずに丁寧に説明してくれるのでスパゲティと若牛のステーキとパンプキンスープを頼む。

料理はとても薄味でありながら粘りのある甘味でまとまっていて、フランスで食べた中で最も美味だった。満腹なのに頼んだ燃えるデザートがまた甘くて大きい。食べきれるかと思ったがみんな平らげた。

燃えるデザート？クレームブリュレでしょ。

Airbnb に戻り寝静まっているホストを起こさないようにそうっと入った。

11 R/42

MONTPELLIER>>

CARCASSONNE

11/ カルカソンヌへの道

12/ カルカソンヌ

13/ カルカソンヌ城 ナルボンヌ門

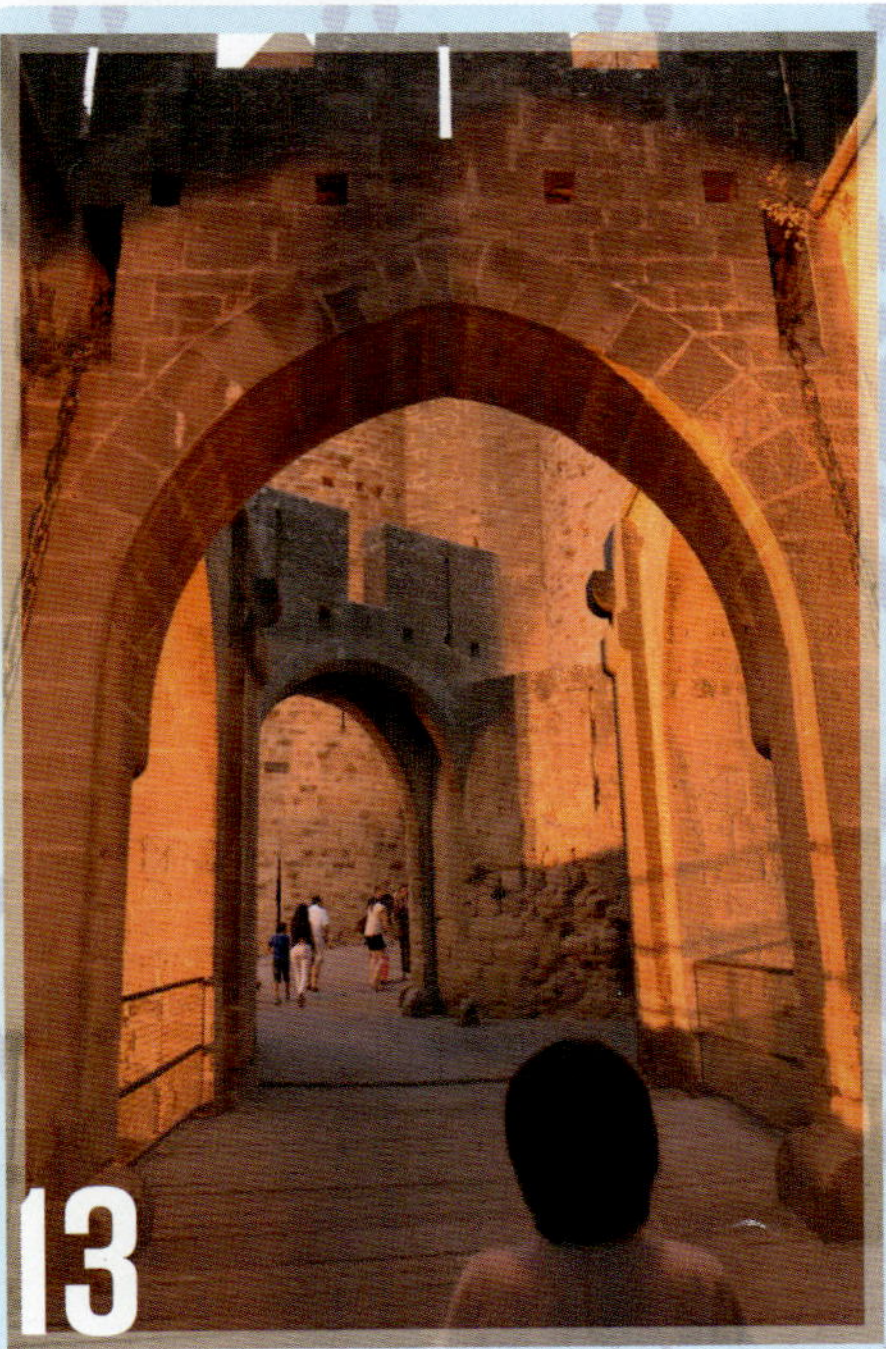

13

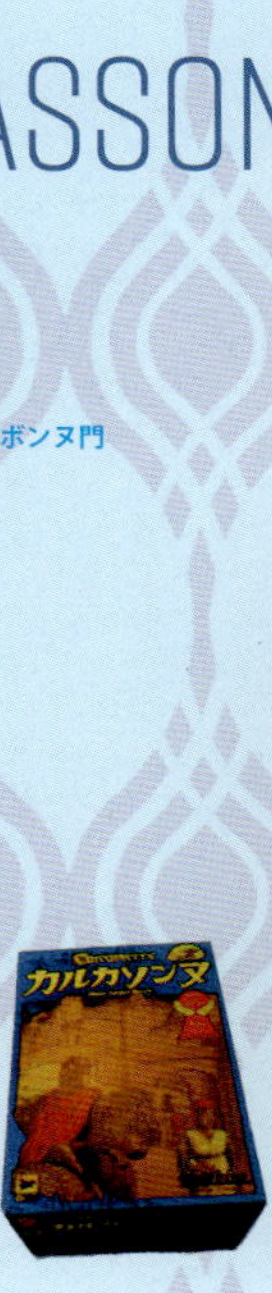

12

Porte Narbonnaise Carcassonne

カルカソンヌ　ナルボンヌ門

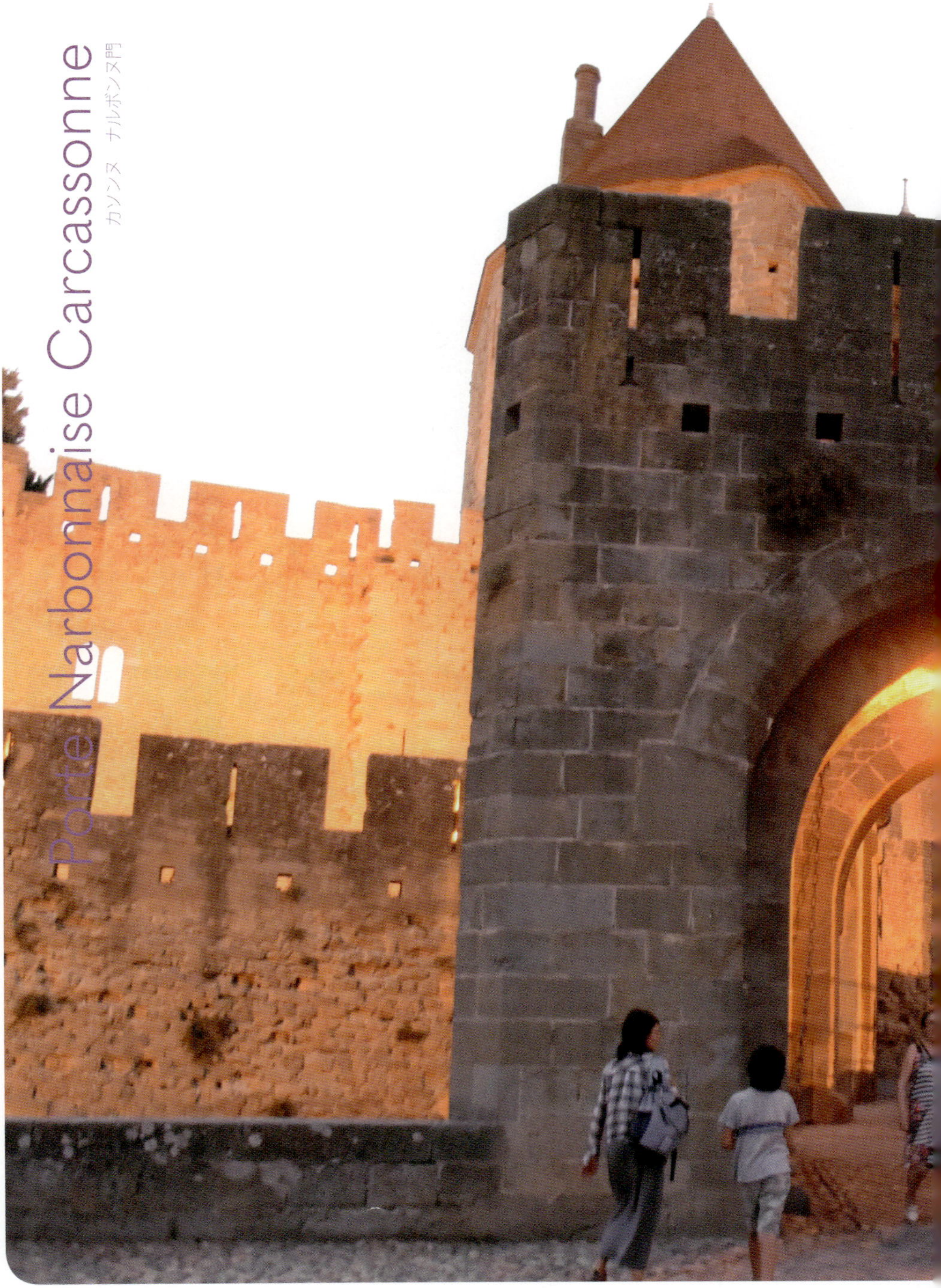

CARCASSONNE

13/ レストラン S' Entina §*105 €62

14/ カルカソンヌ市街

15/ Airbnb Ω»23 ¥6394

14

13

§*105

15

Ω»23

R/42

TODAY'S ROUTES FOR AUGUST 31, 2016

走行距離 266 KM 歩行距離 8.6 KM

9月1日(木)
SEPTEMBER 1

夜明けのオレンジ色に誘われてカメラを持って散歩に出る。

8時過ぎに朝食を用意してくれたが、パンをナイフだけでぶちぶち切るのを初めて見た。

まな板は使わないのね。

「あなたの娘はとても美人だ。」

Marcelleがグーグル翻訳を使って繰り返すので誰のことかわからず目が泳ぐ。

息子は憤慨していた。まぁ、褒められたんだからいいんじゃない？

そう言えば、息子は幼いころ、髪が短くても女の子だと間違えられることが結構あったね。

「もう9月なのに学校はどうしてるの？」

不思議そうに尋ねてくる。

「彼が留学しているイギリスの学校は9月21日から始まるんです」

微妙な表情でうなずく。

そこで朝の散歩を思い出し

「この町はとても綺麗ですね」

iPadで翻訳して見せると

「私もそう思う」

Marcelleは満面の笑みを浮かべた。

10時、ホストに日本のお土産を渡し別れを告げ、カルカソンヌに行く。

コムタル城に入って見るが、戦争のやり方に大きな違いはなくて他の城塞とあまり変わりはない。

旅行雑誌を見て栞に入れておいたレストランDame Carcasを探す。コムタル城の目の前にあった。ここもすこぶるおいしくて、ゆっくり時間をかけて食べた。 §*106

CARCASSONNE

01/Airbnbからみた夜明け

02/Airbnb

CARCASSONNE

>>CADAQUÉS

03/ コムタル城
04/ レストラン Dame Carcas §*106 €45
05/ ヴュー橋
06/ ヴュー橋より

ヴュー橋まで歩いて、城を外から眺める。土産に妻はマグネットを、私はTシャツを買った。

車に乗りスペインを目指す。途中で運転を代わろうかと妻が言うのでサービスエリアに入れたが、妻が体調を崩し始めたので私が最後まで運転をする。

スペイン
カダケスの卵

カダケスに着いた頃、妻の体調は最悪で私も山道で疲れたから近くのポートリガットホテルに泊まることにする。 Ω»24

ダリの家は予約が必要とは知っていたが今日明日のチケットは売り切れと聞いてがっかり。キャンセル待ちなら受け付けているというのでネットで申し込むことにする。

とりあえず妻をベッドに寝かせて車を宿につけ、息子と荷物を部屋に入れたころ妻は少し体調を回復し、夕食をとることにする。

ホテルにはレストランがあったので

「いつ開くのか」

クロークに訊くと

「そこはいまクローズだ」

と言う。レストランがあるからこのホテルに決めたのに、仕方ないので車を出して町中に向かった。

息子が「和食が食べたい」(そればっかり)と言うので、カーナビで探し、走らせるが海岸線の道路は曲がりくねっているうえ、人が溢れている。駐車場もなく、一方通行で引き返すこともかなわずのろのろと走り回っ

でっかい看板でも立てといてくれ。ぷんぷん

Chapter 8

SPAIN

Sagrada Família
バルセロナ、サグラダファミリア

BARCELONA

バルセロナ（Barcelona）は、スペイン・カタルーニャ州バルセロナ県のムニシピ（基礎自治体）
この町には建築家アントニ・ガウディの残した建築物が多い。彼はバルセロナで暮らし、仕事をし、グエル邸、グエル公園や、巨大で今なお未完成のサグラダ・ファミリア教会のような有名な作品をいくつか残した。それらの作品の多くはアントニ・ガウディの作品群としてユネスコの世界遺産に登録されている。

09
Ω»24

07

CADAQUÉS

07/ カルカソンヌ➡カケダス　スペイン国境
08/ カケダス ダリの卵の家　卵がない！
09/ Hotel Port Lligat Ω»24
10/ 海岸　この狭い道を車も走る
11/ この辺りで和食レストランをさがした
12/ レストラン S'Entina §*107 €41.40

08

10

11

た末、やっと1台だけ隙間を見つけて停められた。

目星をつけて歩いて行ってみたが和食店はどこにもない。しょんぼりしている息子を慰めながら海岸のオープンカフェレストラン S'Entinaまで行き、初めてのスペイン料理を食べる。§*107 フランス料理と比べると少し素朴な感じがするが、イタリア料理よりはバラエティはある。

ホテルに戻り、ダリ美術館のチケットの手配のため、息子にWi-Fiのパスワードをクロークに聞きに行ってもらうが「できない」と戻って来る。

「何で?」訊くと

「インターネットに接続できない。クロークにいるおやじも謝るだけ」

2人は寝てしまったが、私はそうはいかない、ダリの家はダメとしても、ダリ美術館までダメならなんのためここに来たかわからない。

クロークにおやじはいた。

「何としてもつないでくれ」

おやじは少しは英語が分かるようだが、わからないというばかり。

「Wi-Fiルーターを見せてくれ」

「どこにあるかわからない」

カウンターの裏をまさぐりルーターを見つけておやじに見せ、

「操作していいか」

「わからないのでやめてほしい」

止めるのを無視して電源のオンオフをすると無事立ち上がった。

「動いたぜ、（なんもやってくれんかったが）ありがとう」

おやじは喜んで握手した。

それで博物館は何とか明日の12時半の番をとることができる。ダリの家のキャンセル待ちはどうもわからないままだった。

早く着いて簡単に食事して寝ようと思っていたが11時になってしまった。

R/43

CADAQUÉS

§*107

R/43
TODAY'S ROUTES FOR SEPTEMBER 1, 2016
走行距離 211 KM　歩行距離 7.2 KM

CADAQUÉS

01/ ホテルから見る夜明け

02/ ダリ、卵の家

9月2日(金) SEPTEMBER2

8時半ホテルの朝食ビュッフェを食べ、10時チェックアウトしフィゲラスに向かう。

出発してすぐダリの家の卵を見かけて慌てて写真を撮る。残念ながら屋内は見れなかったが、屋根の上の卵が見れてまずはよかった。

フィゲラスはダリ

曲がりくねった山道を越えていると妻と息子が気分が悪くなりペースを落としたのでフィゲラスについたときは12時半の予約時間ぎりぎりになる。

内部をゆっくり見て回る。息子と同じ年齢のころ初めてダリの作品を見たとき、あまりの衝撃で息をつくのを忘れるような思いをした。その後もダリは好きな画家で1度は彼を生んだスペインの地を見てみたかった。

残念だったことは私が1番見たかった絵がここにはないことと、息子が親の期待ほど感動しなかったこと。

1時半ごろ見終えてレストランに入り私と息子はスパゲティを妻はパエリアを食べ、食後のデザートなども頼んでのんびりする。§*108

3時過ぎにフィゲラスをたち、バルセロナに向かう。

バルセロナのAirbnbに行くのに市街の真ん中を抜ける道（普通2車線の幅の道に3車線引いてあり寿命が3か月短縮）を通る。楽しみにしていたサグラダファミリアの真横をのろのろと走る。

初めて見る感激が薄れてしまうだろ！この

宿の前に6時40分ごろ着いたが道が狭くて停めるところがなく、離れたところから電話をした。部屋の前のイエローラインに停めて待っていれば行くといわれて車をもう1度回して待つこと30分ぐらいでようやくホストがやってきた。Ω»25

AirbnbのホームページによればホストはFlicidadという女性だが来たのはむさ＊＊＊い男だ。男性ホストだと女性客が付かないので知り合いの女性の名前を借りていることが多いという噂がある。あくまでうわさで。

荷物をアパートの丸ごと借り切りの部屋を開けてもらい入れる。彼いわく

「駐車場のカギを持ってきてくれるように頼んでいるので待って」

だいぶ待たされて、ようやく女性がタクシーで持ってきてくれ、彼と

CADAQUÉS>>

FIGUERAS

03/ フィゲラス　ダリ美術館ファサード
04/ フィゲラス　ダリ美術館
05/ フィゲラス　ダリ美術館
06/ レストラン §*108 €48.35

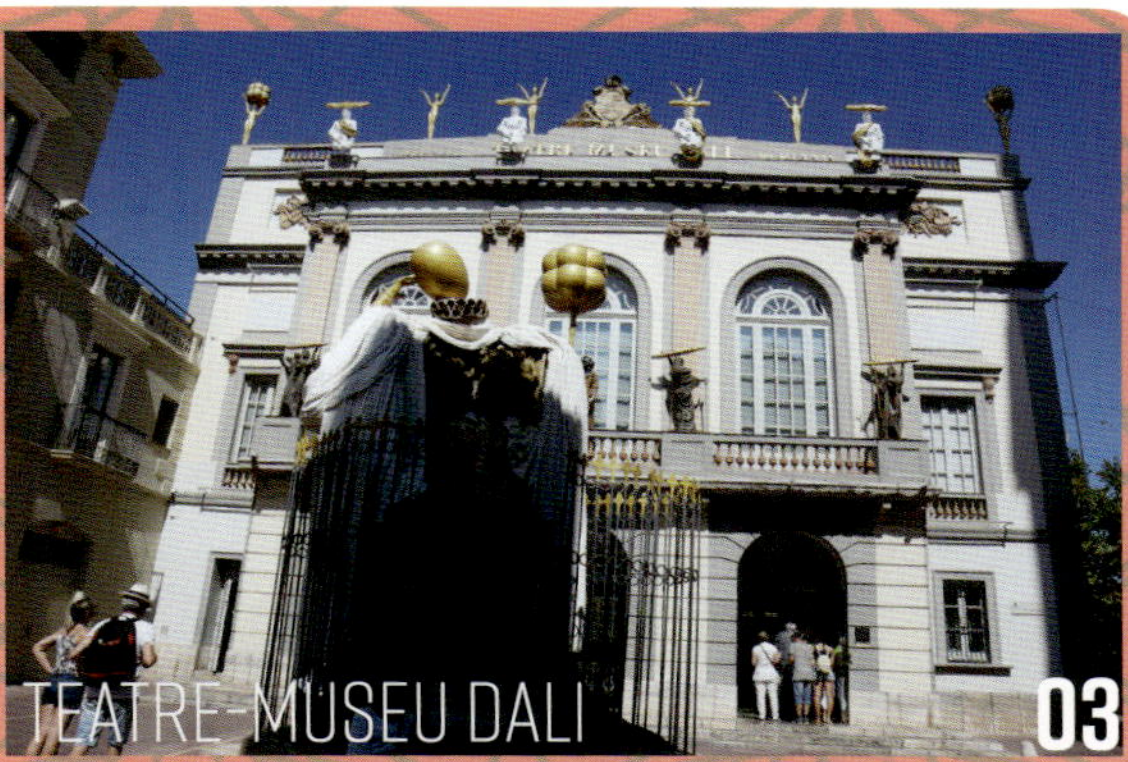

03

04

05

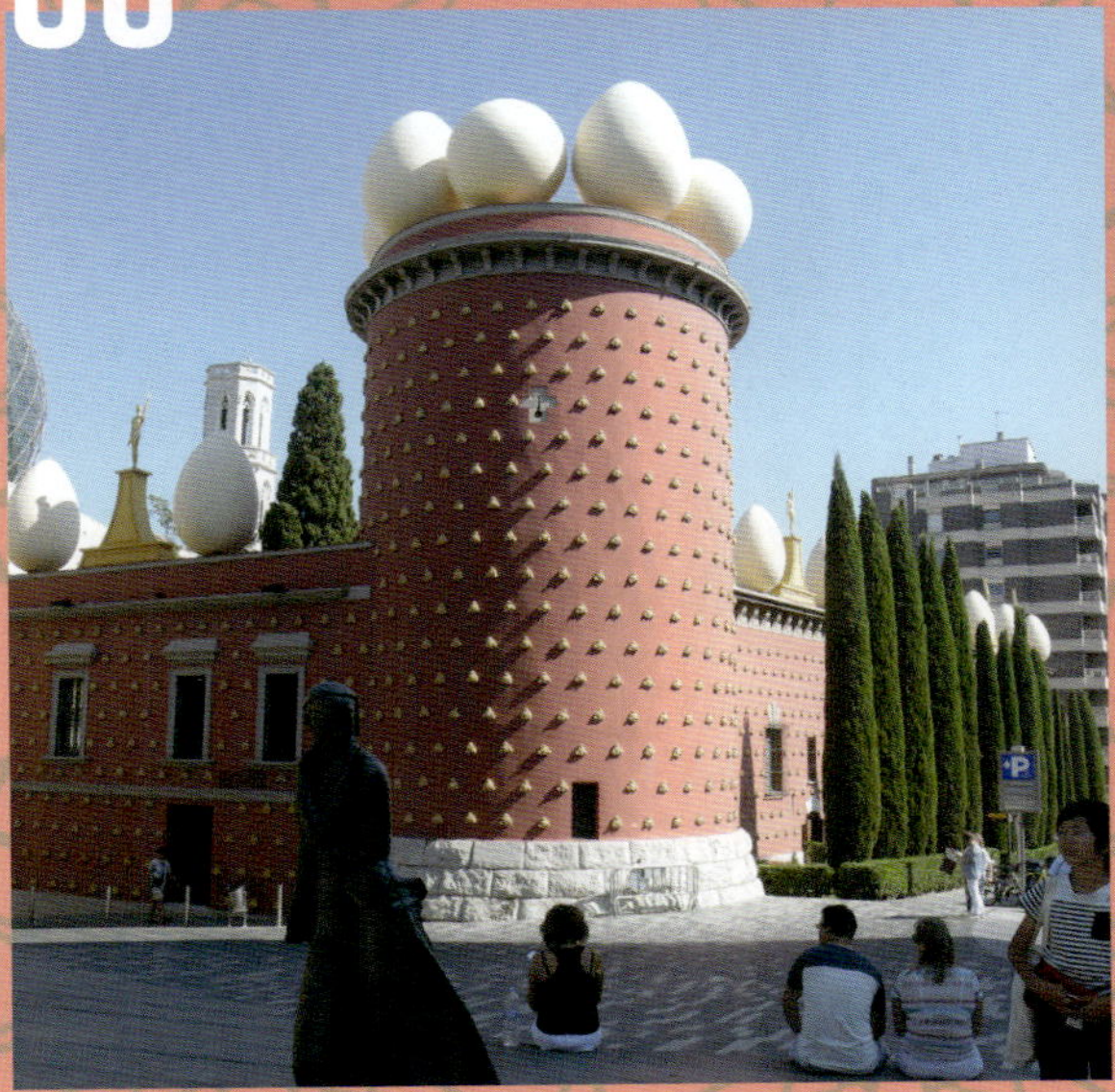

06

2人で駐車場タワーに行き車を入れファーストフロア（2階）への螺旋のスロープを上がる。これがまた前代未聞の狭さで車の前後の近接警報が同時にピーピー悲鳴を上げる中、誘導してもらってようやく駐車できた。日本でもこれほど狭い駐車場は見たことがない。

食事に出かけるがスーパーを見かけて、焼きそばやカップラーメン、ほかにもパンやバナナを買い部屋で食べる。部屋は2LDKでトイレもバスもどこも新しくてきれいだ。

駐車場は専用だが最悪で、Wi-Fiはあるが電波が弱くてぶちぶち切れるのでほとんど使い物にならないが、部屋は素晴らしい。

R/44

FIGUERAS >> BARCELONA

7,8/ フィゲラス➡バルセロナ
9/ サバルセロナ市内
10/ サグラダファミリアを見てしまった
11/ スーパーマーケット
12/ Airbnb Ω»25 ￥46506 夕食

R/44
TODAY'S ROUTES FOR SEPTEMBER 2, 2016
走行距離 179 KM 歩行距離 6.1 KM

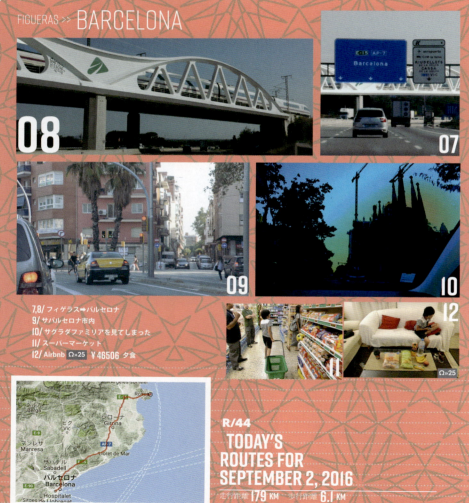

9月3日(土)
SEPTEMBER3

いよいよこの旅の最大のイベント、サグラダファミリア教会に行く。地下鉄Torrassa駅を降り振り返るとそこに異様としか言いようのない迫力で教会が迫って来る。9時開場を待ち日本で買っておいたチケットを見せて入る。オーディオガイドがついていたので細かな内容がわかり楽しめた。

バルセロナはガウディ

これまで見た教会が内外観共に荘厳で威圧的であったのに対し、サグラダファミリアは外観は迫力があるのに比べ内は軽やかで伸びやかで柱や天井の存在感のなさがとても興味深い。

学校など隅々まで見る。それにしてもどこにも直線や平面がないのは描く人も作る人たちも大変だろう。こんなことができるのは後にも先にもガウディしかいないのではないか。

最後にタワーに上るためにエレベータの列に並ぶ、順番が来ると、あんたらのチケットは9時15分までだから時間切れだと言われる。そういえばそう書いてあるが、とぼけて知らなかったと粘ったところ、息子に何歳だと訊き、12歳と答えると入れと身振りした。外国から来た子供を入れずに帰らせるのはかわいそうだと思ったのか。

エレベータで1番上まで行ってそこから屋上を見て階段をぐるぐるぐるぐる降りる。その長さに辟易《へきえき》してきたころ地上に戻る。

ブックショップに寄りしおりとポスターなどを買う。息子は珍しく自分が気に入った腕時計を買い、とてもうれしそうだった。

真上の太陽がじりじりと照り付けているなか、歩道で客が渦巻いているカフェになんとかもぐりこみサンドイッチとピザトーストなどを食べる。Wi-Fiを教えてもらうが1台しかつながらなかった。 §*110

地図の場所まで来て、栞の写真通りの建物を見つける。

「これ、カサミラだ!」

「ラ・ペドレラと書いてあるから違う」

夫が言い張る。プレートにはそう書いてあるが、どうみても、写真通りである。

「栞の写真とそっくりでしょ」

「違う」

仕方ないので探し回って「Casa Mila」の文字を小さなプレートに見つけ、ようやく納得させる。もう頑固爺なんだから。

建設当時、バルセロナ市民はカサ・ミラを醜悪な建物と考え、石切場という意味の「ラペドレラ」(La Pedrera)と呼び、その別称が今でも使われているとか。

カサ・コマラットとカサ・ミラを横目にカサ・バトリョまで歩き、向かいのマクドナルドでお茶にする。石の床に腹ばいになった犬のように暑さで動けなくなる。

4時、バルセロナミュージアムパスを持っていることだしピカソ美術館へも行くことにする。

地下鉄のUrquinaona駅でL1からL4に乗り換えるために長い通路を歩いてるとOrangeのショップを見つける。

イタリアで購入した3(スリー)のSIMは最初妻のスマホだけが使

01/ Airbnb 朝食 §*109
02/ サグラダファミリア
03/ 正面入り口
04/ 入り口上のモニュメント
05/ ステンドグラス
06/ 教会内部
07/ 天井
08,09/ 屋上から
10/ 螺旋階段
11/ 学校
12/ 裏口　謎の魔法陣

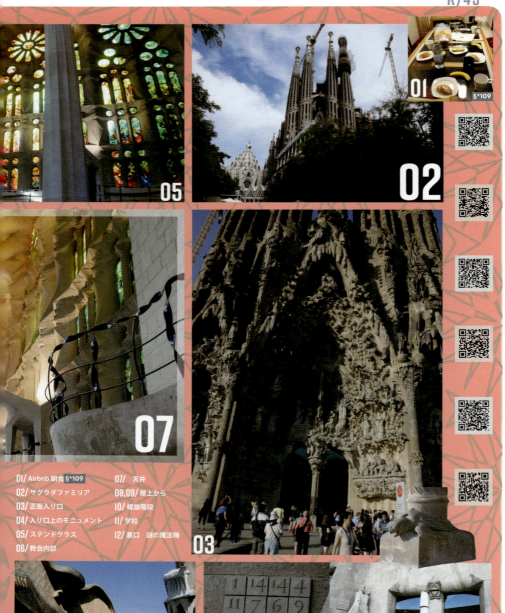

BARCELONA
Sagrada Família

06

08

10

09

04

BARCELONA

13 §*110

15

14

16

18

17

13/ ランチ §*110 € 19.55
14/ Casa Terrades
15/ グラシア通り
16/ バルセロナ カサ・ミラ
17/ カサ・バトリョ
18/ マクドナルドでお茶
19/ ピカソ美術館
20/ レストラン うどん §*111 € 35.95

19

えて、途中からiPadも使えるようになり、フランスに入ると妻が使えなくなり、スペインに入ってiPadも使えなくなった。

妻がSIMがほしいというのでショップの男に尋ねると「1GBで19ユーロ」と答える。スマホにSIMを入れると再びネットが使えるようになった。

ピカソ美術館に入るが中は撮影禁止である。

「スケッチでも百万円以上するんだ」

息子は子どものいたずら書きのようなピカソのスケッチを息を呑んで見つめていた。

歩き始めたとき「Pinout落ちたよ」

息子が教えてくれたので、お礼に

「夕食は好きなものを食べていいよ」

博物館に入る前に見かけたうどんの店に入る。§*111

「あの駐車場から車を出し入れするのは死ぬほど嫌だ」

栞では明日はガウディのレストラン Gaudi Garraf へ行くことになっているが、バルセロナのバスツアーに参加することにする。

食事のあと地下鉄でTorrassa駅に戻り、スーパーでバナナや水を買う。

家に着くと息子は疲れていたのかすぐ寝た。私はiPadでバスツアーの申し込みをしてバウチャーPDFを手に入れた。

R/45

R/45
TODAY'S ROUTES FOR SEPTEMBER 3, 2016
歩行距離 7.1 KM

9月4日(日)
SEPTEMBER4

昨日買った朝食を食べ10時に部屋を出る。§*112

Torrasa 駅で乗り Espanya 駅で降りてバスツアーに乗ろうとしたとき Pinout がないことに気付く。朝の写真から見直したが緯度経度の記録はなく、もしかしたら宿にあるかもしれないとそのまま出かける。

ツアーレッドバスで Placa de Catalunya で降りて BARGER KING §*113 で昼を食べブルーバスに乗り込んでサグラダファミリアの前で降りる。昨日忘れたちゅい（猫）を前景にして教会を撮り、再びブルーバスでグエル公園に向かう。

バスを降りてから実際にグエル公園に入るにはかなり歩くことになり、途中暑さに負けてカフェでケーキやお茶を飲んでしまった。§*114

グエル公園でチケットを買おうと

01 §*112

02

03

04

05

06

07 §*113

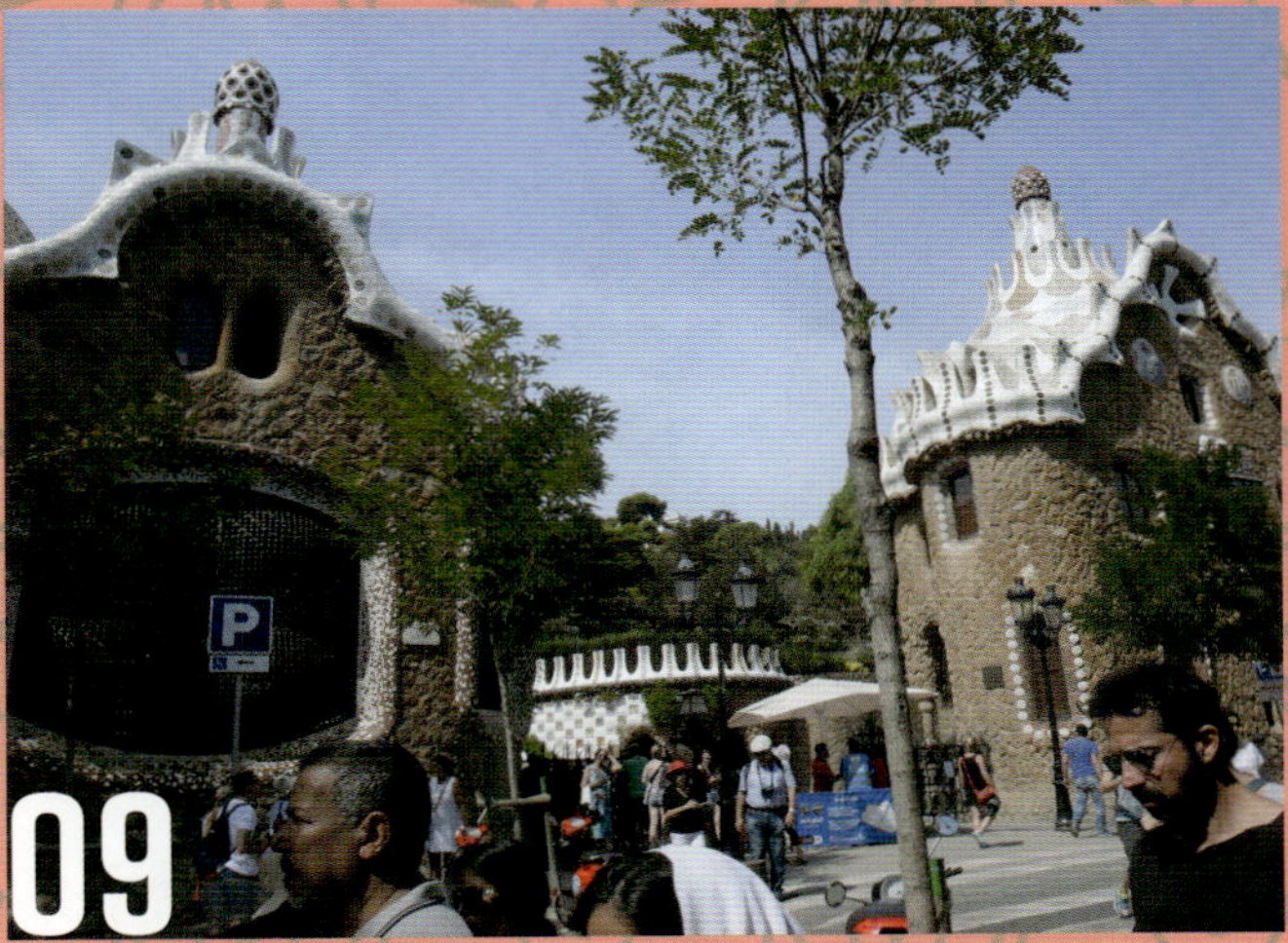

01/Airbnb 朝食 §*112
02/ バルセロナ市街
03/ エスパニア広場
04/ バルセロナ コロンブス像
04/ バルセロナ港
06/ ツアーバス
07/BARGERKING & カフェ §*113 €26.15
08/ カフェ §*114 €15
09/ バルセロナ グエル公園

BARCELONA

するが5時半の分しかないと言われる。まだ3時前で少し悩んだ末、買うことにする。こんなことならお茶を飲む前にチケットを買えばよかった。旅の反省は次に生かせないのがなかなかつらい。

グエル公園には有料以外に無料のエリアや別料金のガウディ博物館がある。

まずガウディが住んでいた住宅を改造したガウディ博物館に入るが、これはさほど見るべきものはない。ただ彼のデザインした椅子はとても座りやすそうに見える。

まだ早いので無料の庭園を歩き、丘の上に上ってみる。そこからはサグラダファミリアやバルセロナの市街が一望でき、地中海まで見える。

それでもまだ時間が余るのでここで再び反省をする。

「どうせなら明日の朝のチケットを買って、いったんツアーバスを続けたほうが良かった」と。そうすればバスチケットを無駄にしなかった。

ようやく5時半になり入場できたが、待つだけの価値はあった。私が特に気に入ったのは多柱造りのホールで柱の1本1本が微妙に間隔角度を変えて立っている。天井の破砕タイルも面白い。いつまで見ても飽きない。

上の広場のベンチには軽やかにリズミカルに破砕タイルが貼られていて、1つ1つ見て回るのも楽しい。

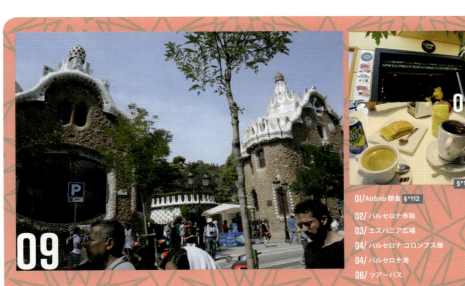

有名なトカゲの周りは人がこぼれそうになっている。

現在も使われている学校がある。とにかく見るものが多くて人が多いので、また来ることがあれば早朝に

BARCELONA

Park Guell

10

11

13

12

10/ グエル公園 ガウディの家博物館
11/ ショップと守衛の家
12/ グエル公園からバルセロナを眺める
13/ ギリシャ広場
14/ 回廊
15/ トカゲの噴水
16/ 多柱造りのホール
17/ 多柱造りのホールの天井

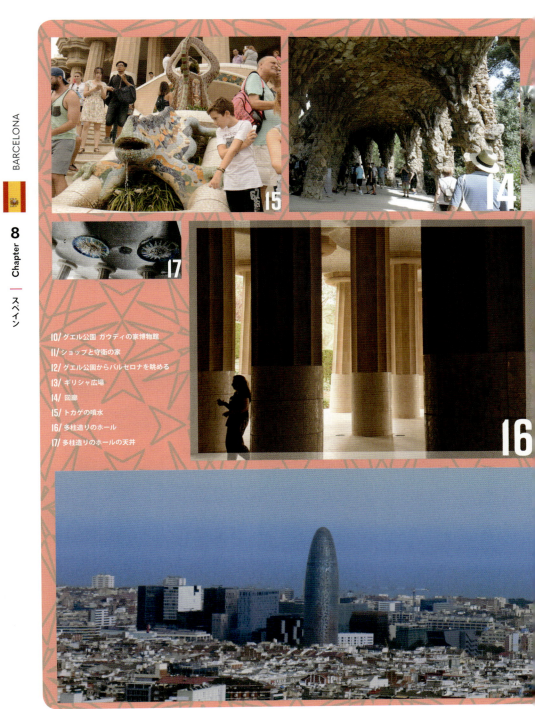

来るようにしたい。

ガウディもグエル氏もこの公園（もともとは住宅地）を楽しみながら作ったのだろう。日本にもこんな楽しむ公園を創りたいものだ。

外に出ると7時で、ツアーバスに戻り残りの時間でグエル別邸まで行って外観だけ見た。別邸自体は4時に閉館していた。

そのあとミリャーレス邸門の前まで歩いていき、ガウディの彫刻と握手をする。

再びバスストップまで戻ると、ちょうどツアーバスが来た。急いで乗って Francesc Macia でレッドバスに乗り換えようとしたら最終が出た後と聞き、乗って来たバスに戻り Macba-CC5 まで行く。

食事をしようとネットで評判のレストランを探して行くと「予約は?」と断られた。隣のレストラン Bar de Tapes には写真と日本語のメニューがあり、ちょうどいいやとそこにした。なぜか日本語メニューもあり、料理もさりげなくおいしく特に日本風の鳥料理はとてもよかった。 §*115

部屋で Pinout を探したがなかった。

R/46

BARCELONA
Porta de la Finca Miralles

18

19

§*115

18/ ミリャーレス邸門

19/ piscolabis §*115 €35.65

R/46

TODAY'S ROUTES FOR SEPTEMBER 4, 2016

歩行距離 5.8 KM

9月5日(月)
SEPTEMBER 5

グエル別邸の10時開館に合わせてL12バスのMontsenyから乗りAV Joanで降りて歩く。

グエル別邸は元馬小屋の建物と付属建物だけで思ったより小さい。柱梁が放物線でできていて、その合間の天井も放物面を描いている。細かなところまで気を配った作りで面白かったが、20分ぐらいで全部見てしまった。

カサ・ミラにバスで行こうとしたが妻が「チケットが2枚しかない。地下鉄の駅まで行って買わないとバスには乗れない」と言うので地下鉄経由で行くことにする。

L3のPalau駅まで歩き、10枚チケットを買ったところで息子が「地下鉄

BARCELONA

Pavellons Güell

01

04

03

02

01/ 朝食 昨日買ったパン
02/ グエル別邸
03/ グエル邸内部
04/ グエル邸門扉
05/ カサ・ミラの屋上
06/ カサ・ミラの家具
07/ カサ・ミラ塔屋内
08/ カサ・ミラ内庭

Casa Milà

06

05

08

07

BARCELONA
Casa Batlló

09/ カサ・バトリョ
10/ ファサード
11/ 建具
12/ 屋上
13/ 窓
14/ レストラン §*116 €33.90

14

§*116

10

11

09

12

13

のチケットは90分まで乗り降り自由じゃなかったっけ」と言う。念のため今朝買ったチケットを入れてみたところ使えた。

早く言ってぇ。

カサ・ミラについてエレベータで屋上まで行くと、階段があちこちにあり上り下りして回る。そこここに異様な形状をした建造物が並んでいて別世界に漂っているようだ。

屋根裏部屋はカサ・ミラの由来などの案内がある。他の階は人が住んでいるためすべては見れないが、いくつかの部屋は鑑賞できる。

カサ・バトリョに向かう途次、妻が調べてきたというレストランに入り、昼にする。メニューに写真がなくて少し多めに頼んだが、おおよそおいしかった。§*116

カサ・バトリョは歩いて屋上まで行き、帰りも階段で降りる。ここでは建具の細工のすごみに震えが来た。こんなすごい建具はこれまで見たこともない。息子に一生懸命説明したがよくわからないと言われた。

出ると4時だったので、お茶にする。

最後に美術館のチケットを買ってしまったから使わないと損という理由で、バルセロナ現代美術館に行く。

展示物を見て息子が、

「訳が分からない」

「現代美術は理解するのではなく、感じるものだよ」

と説明する。息子は分かったようなわからないような表情で考えていた。

次にゴミがとっ散らかっているとしか見えない展示物（地震）を見て

「なんじゃこりゃ」

と呟くと、早速息子から

「お父さん、感じるんだよ。分かる？」

やりこめられた。

ぐぅ

東洋食品のスーパーで醤油やうどん、たれ、インスタント焼きそばなどを買い込む。駅に歩く途中持ち帰りのすし屋を見かけたのでそこでも握りずしを買う。

旅行中は料理しないと宣言していたが、息子の懇願に負け、作る羽目になってしまった。まあ、自分も外食に飽き飽きしていたのでほっとした。やっぱり和食ね。

部屋に戻り妻と息子がうどんを作り、食べた。 §*117

R/47

BARCELONA

15/ バルセロナ現代美術館
16/ 現代美術館 作品
17/ 現代美術館 作品（地震）
18/ 現代美術館 作品
19/ Airbnb 夕食 §*117

R/47

TODAY'S ROUTES FOR SEPTEMBER 5, 2016

歩行距離 10.2 KM

9月6日(火)
SEPTEMBER 6

ミロ美術館とグエル邸に行くため9時半部屋を出て地下鉄でEspanyaまで行き、L13のバスに乗り換えようとする。ところがどう探しても停留所が見つからず30分ほど右往左往したあげく、ようよう乗ったバスはさっき降りた駅の目の前の停留所に停まった。

ミロ美術館に入ると懐かしいミロの絵がある。息子は抽象画は初体験なのでその説明をする。昨日の現代美術より受け入れやすいそうだ。

もう1つ美術館を見たいというので国立カタルーニャ美術館に歩いていった。目の下にEspanyaのロータリーが見えた。この美術館は中世カソリック芸

BARCELONA

01/ バルセロナ ミロ美術館
02/ バルセロナ　国立カタルーニャ美術館
03/ 畳 §*118 €33

BARCELONA
Palau Güell

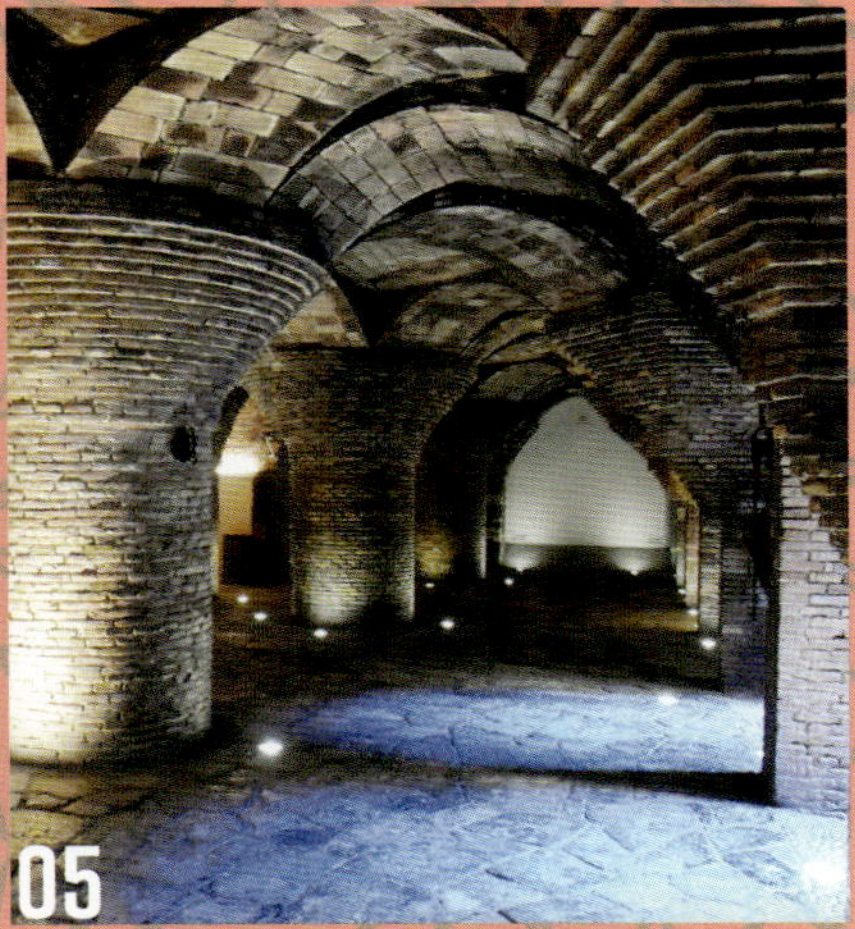

04/ バルセロナ　グエル邸
05/ 地下 馬車駐車場
06/ 階段
07/ 食堂
08/ 居室（音楽室）
09/ 屋上
10/ シャウタデリア公園
11/ AIRBNB て夕食

術が中心でマリア像が多くみられた。息子にとってはこちらのほうがもっとわかりやすいらしい。

1時過ぎネットで見つけた「畳」という店に行く。内装は中国風だった。息子はみそラーメン、妻は野菜かき揚げてんぷら、私は裏巻き寿司のセットを頼んだ。§*118

料理自体はさほどまずくはないのだが、てんぷらのつゆは甘く大根おろしはない。珍しく味噌ラーメンは普通で、巻きずしはかなりユニークだったが変においしかった。

グエル邸は馬車などが車路を降りていく地下に厩があり明り取りや換気に細かく気を配っている。

屋上はカサ・ミラと共通する部分が多く、遊びがいっぱいである。それにしてもグエルがガウディをしてここまで手の込んだ建築造作をさせた資金力と信頼関係は素晴らしい。現在グエル邸は市の所有で各室の装飾などはとても丁寧にメンテナンスされている。

これでガウディの作品はほぼ見終えたのでガルバルディ広場を通ってはシウタデリヤ公園に向かう。公園はかなり広く、大きなシャボン玉を飛ばしている人がいて、周りにこどもたちが走り回っていた。

帰りに息子の念願のそうめんを見つけ、麺つゆを買って地下鉄の Arc de Triomf から Toressa まで行き部屋へ戻る。息子は感激のあまりそうめんを泣きそうになりながら食べていた。

・・・・ バルセロナでそうめんまで食べるとは、いやはや

R/48

BARCELONA

10

11

R/48

TODAY'S ROUTES FOR SEPTEMBER 6, 2016

歩行距離 9.5 KM

9月7日(水)
SEPTEMBER 7

バルセロナのAirbnbのチェックアウトのため荷物を道路に下し息子に見てもらっている間に、駐車場に行って車を1階まで妻に誘導してもらった。それでもカーブで何度も切り返さないと降りられなかった。後ろの車からはブーブー鳴らされ、「仕方ないだろ下手なんだから」とぶつぶつ言いながら、ようやく車庫を出ることができた。

部屋の前に電気工事車両が止まっていたので移動してもらって、イエローラインに車を停め、荷物を車に積み込んだ。ホストに鍵を返し、ナビに目的地をセットしようとしたらパトカーが来て「すぐ出るか」と訊かれ、「分かった」と答えて出発。しばらく走ってから車を路肩に寄せてナビをセットし、モンセラートに向かう。

モンセラートの登山鉄道

Monistrol de Montserrat 鉄道のMonistrol vila駅の駐車場に12時過ぎに到着する。駅のさびれたカフェでスペイン語しか話さないおばさん相手にランチを注文し、食べてから電車に乗る。§*120

終点のモンセラートで降りると、立派な観光地でホテルやレストランが立ち並んでいる。これなら駅の侘しいカフェで食事をすることはなかった。

そこに黒いマリア像のサンタ・マリア・モンセラート修道院があるという話を聞いてはいたが栞に入れ忘れたので入れなかった。

あたりを歩いていたら、さらに上まで登る線路を発見。Funicular de Sant Joan ケーブルカーで頂上まで

BARCELONA Montserrat

03

01/ モンセラート
02/ 駅のカフェ §*120 €29.95
03/ モンセラート Monistrol de Montserrat 鉄道
04/ モンセラート 終点
05/ ケーブルカー €12.5
06/ ケーブルカーの頂上
07/ ケーブルカーの中から

05

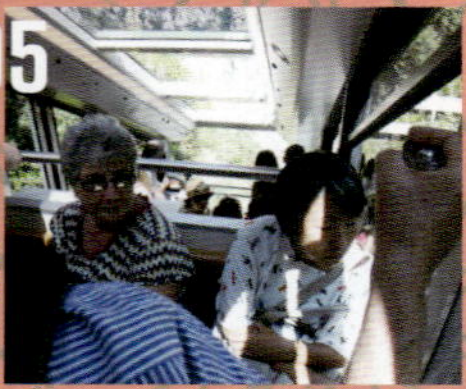

07

06

04

行けると知りチケットを買う。頂上に着くと店も何もなく、登山道があるだけだ。ガウディがサグラダファミリアを設計するヒントにしたというモンセラート（のこぎり山）を見れて満足したのでケーブルカーと登山鉄道を乗り継いでMonistrol vila駅まで戻った。

カルドナまでを妻に運転してもらう。割とたんたんとした道だったが、最後は少し急な九十九折で何とかホテルの前まで妻が運転をした。

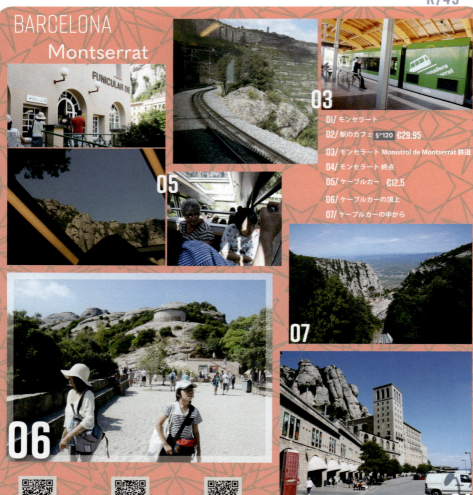

カルドナで喧嘩

チェックインをして部屋を確認する。外観は古い城だが内部はかなり近代的で、仕上げは上品である。Ω»26 喫茶でお茶とトーストを頼むが私の緑茶は日本のものとは違うものだがトーストはおいしい。ジャムが小さなきれいな瓶で、記念に持って帰ることにする。

ホテルの中や周辺を探索して歩く。小さなチャペルがあり、入って見ていたら、閉めますと言われる。館内ツアーのために一時的に開いていたのを知らずに一緒に覗いていたらしかった。

8時半になってレストランが開き食事をする。§*121

2人はおいしいと言っているが、私は確かにおいしいが値段ほどとは思わない。

このとき些細な行き違いで妻と論争になり私が部屋に戻ろうとすると、息子が泣き出したのでなだめているうちにうやむやになった。

Parador de Cardona

08/ カルドナ 玄関
09/ カルドナの夕焼け
10/ ホテルロビー
11/ ライトアップ

11時を過ぎていたので息子を部屋に戻し寝かせてから、2人で城のライトアップを撮るため車で山を下りて撮影する。

部屋に戻ると息子はよく寝ていた。

R/49

Parador de Cardona

12/ カルドナ Ω»26

13/ カルドナの喫茶

14/ 夕食 §*121 €85.65

R/49

TODAY'S ROUTES FOR SEPTEMBER 7, 2016

走行距離 103 KM 歩行距離 6.5 KM

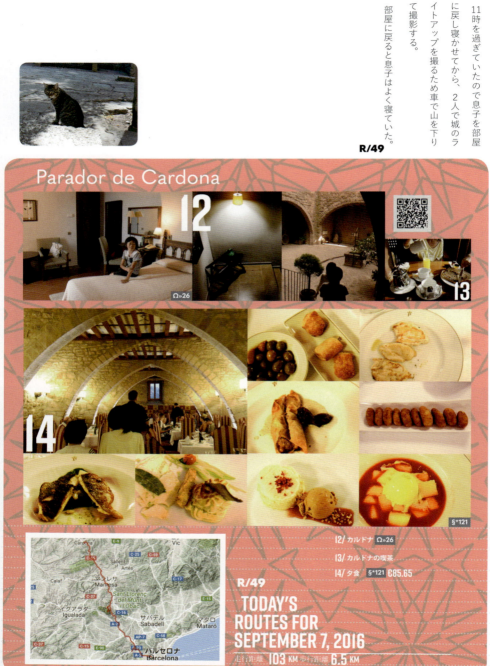

Parador de Cardona

01/ カルドナ 朝食 §*122
02/ カルドナ　外観

9月8日(木)
SEPTEMBER 8

朝食を取り、10時にカルドナをチェックアウトし山を下りたところで城がきれいに見えるのに気付く。§*122

プジョーのナビがマドリッドへ高速道路の道を示したが、ガーミンの山道の方を選んだので少し時間がかかった。その代わり山と田園の中をゆっくり堪能できた。途中から広い道に出たので運転を妻と交代する。

サラゴサで高速を降りて昼にする。駐車場の上のフードコートにSUSHIのファーストフードがあったのでそこに入る。インテリアが和風になっていて、味もまずまず。店の人たちも愛想が良くて楽しく過ごせた。§*123

高速に戻ってすぐ妻が運転を代わる。私の携帯にサンフランシスコから電話が入り、誰かわからないまま出ると英語で話しかけて来る。よくわからないと答えると日本語でかけなおすと言って切れた。しばらくしてまたかかってきて片言の日本語でAirbnbと名乗り「マドリッドには何時ごろつきますか」と訊いて来た。5時から7時の間と答える。マドリッドのホストが私たちの到着時刻をAirbnbの本社にスペイン語で確認し、会社が代わりに問い合わせをしてきたのだろう。そんなこともできるのだ。

途中、何も書いていない黒い牛の看板が何度も出てくる。あれは何だと妻が訊くが私が知る由もない。

マドリッド手前90キロぐらいのサービスエリアのバールで休憩す

る。§*124 私はアメリカン、妻はお茶、息子はジュースを頼む。店の女性は英語が全く分からないが、Google 翻訳が役に立った。

マドリッドのサムソナイト

運転を私に代わり、マドリッドに7時に到着する。マドリッドまでの道はほとんどが砂漠である。

Airbnb の Eunice の家はすぐ見つかり妻と息子が部屋に行き私が車で待っていると、ホストの Eunice が下りてきてハグしてきた。Ω»27

「車はどこに停めればいい？」

「ここ」

駐車禁止のマークの前を指す。

「本当？」

「大丈夫大丈夫」

部屋に連れて行かれる。

彼女は英語が全くできないのでスペイン語と日本語で Google 翻訳を使いながら話をする。他の部屋を見せながら翻訳機を使って

「この部屋も使うなら4泊で80ユーロで貸してもいい」

妻と相談して借りることにする。

キッチンで Eunice が、

「オムレツを作ってあげる」

「ありがとう」

遠慮なくオムレツをごちそうになり、さらにガスパッチョ（トマトの冷スープ）も作ってくれた。とにかくおいしくてたくさん食べると、

「飢えていたのね」（グーグル翻訳）§*125

Eunice が息子を指差し、

「年齢は？」

「息子は12歳です」

と入れてグーグル翻訳のスペイン語で

「サムソナイトは12歳です」

とでたもので

「サムソナイトは鞄だ」

Eunice は大うけして息子を「サムソナイト」と呼び始める。面白いので私たちもふざけてサムソナイトと呼ぶと息子プンプン。

その後屋上に連れて行かれて写真を撮ってくれ、外に散歩にさそわれ

不思議な牛の看板

1956 年オズボーン社がブランデーの広告として看板を作成。1988 年高速道路法で高速道路わきの広告看板が禁止。文字だけ撤去。1997 年最高裁にて「牛看はすでに広告にあらず、スペインらしい景観」との判断。

CARDONA>>MADRID

Zaragoza

03/ サラゴサ市街
04/ サラゴサ Melcado Gastronomico
05/ サラゴサ SUSHI Cada dia §*123 €42.90

03

§*123 05

ちょっと恥ずかしかったアルヨ

04

スーパーやレストランや地下鉄の乗り場を教えてくれた。

玄関の前で娘さんを紹介されほっぺに挨拶をされる。娘さんは少し英語ができるそうだが私の英語のほうが少しましな気がする。この娘さんが家を出て、空いた部屋を貸しているのだろう。

追加した部屋に妻が寝て、私はパソコンにデータを入れてから寝息を立てている息子の横に潜り込んだ。

R/50

MADRID

06/ カルドナ➡マドリッド

07/ バールで休憩 §*124

08/ マドリッドの Airbnb Ω»27 ¥29253/ 4 DAYS

09/ ホストが作ってくれたオムレツ §*125　すごくおいしい

10/ マドリッドの黄昏

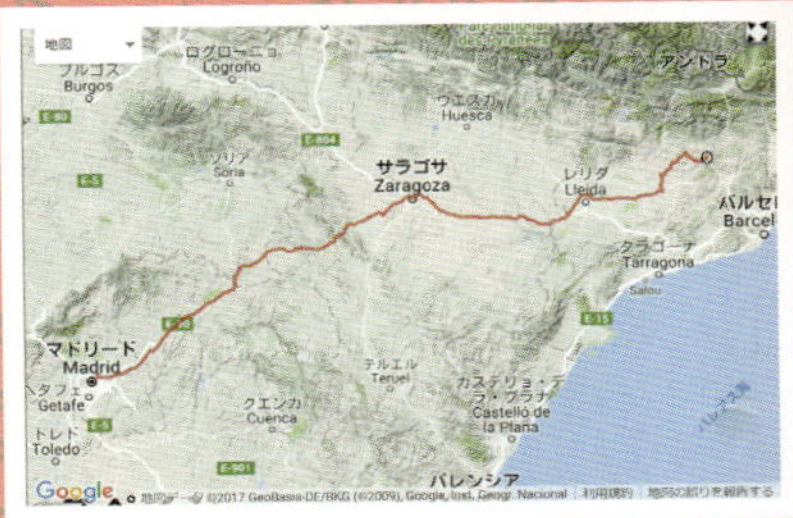

R/50

TODAY'S ROUTES FOR SEPTEMBER 8, 2016

走行距離 583 KM 歩行距離 5.4 KM

Don Quijote
マドリッド ドン・キホーテ像

MADRID

マドリード（Madrid）は、スペインの首都である。マドリード州の州都
主な観光地、マヨール広場、王宮、オリエンテ広場、プラド美術館、レティーロ公園（Parque del Retiro）、ソフィア王妃芸術センター、スペイン広場などがある。

9月9日(金)
SEPTEMBER 9

トレドに行く予定だったが疲れていて起きるのが遅くなり、今日はアルタミラの洞窟絵画を見ることにする。

地下鉄の駅に歩いていると先に出かけたEuniceが立っているのに出会う。

「どこに行くの」

「国立考古学博物館」

「その地下鉄の駅はあっちの先よ」

Euniceが指した方に行くとかなり遠い。グーグルマップに従った方が良かったみたい。ようやく駅に着くとマグドナルドを見つけ遅い朝食をとることにする。§*126

地下鉄を乗り換えて考古学博物館の駅まで行き、博物館の正面階段を上がって中に入ろうとすると、こ

04

01

81 §*126

02

03

05 §*127

01/ マクドナルドで朝食 §*126
02/ 国立考古学博物館
03/ アルタミナ休館
04/ アルカラ門
05/ 昼食 銀座 §*127 €55.90
06/ マドリッド　市街

06

ちらはツアーガイドの入り口だと追い返される。1階の横の入り口では無料でラッキーと入ってみるとスペインの人物絵ばかりで面白くもなくタダなわけだと納得する。

「アルタミラの洞窟絵画はどこ?」

「この建物の裏」

大きな博物館の裏に回ると最近デザインしたらしい瀟洒な博物館が見えてくる。

「アルタミラはどこ?」

インフォメーションで尋ねると、

「今お休み」

「は?」

「今清掃中で9月21日まで休館」

「中は見れないのか」

無意味なことを訊く。

「そうだ」

冷たく返される。がっかりするが

他の物でも見るかと3人で話し合った末、アルタミラが見れないならとパスしてプラド美術館に行くことにする。

そこからアルカラ門を横目に見てプラド美術館近くの日本料理「銀座」に入る。店は日本人の女主人か奥さんが切り盛りしていて日本の寿司は元より天丼、かつ丼、うどんなど和食が食べられる。日本では普通の和食だろうが、シツコイ味に辟易していた舌にとってすこぶるおいしい。

§*127

プラド美術館ではピカソ美術館で見た王女の本元のベラスケスの絵や、裸のマヤと着衣のマヤも鑑賞した。絵画の数がとても多くて最後には3人とも疲れ果ててしまった。

大きな植物園があるアトーチャ駅に歩いて行き、中を見て回ってから、地下鉄に行くと自動改札が開きっ放しになっている。入ってみると改装中でその駅には電車は止まらないらしい。日本では改装中も通路を確保して駅として使えるようにするけれど違うんだ。アトーチャ駅の近くに別の駅があったこ

極度乾燥

街角で見かけた日本語、「極度乾燥（しなさい）」日本に帰ってから調べた。イギリスの縫製会社が日本のスーパードライにインスパイアされて作ったブランドのようだ。
最近ヨーロッパの一部で日本語ブームが起きているらしい。

MADRID Museo Del Prado

07/ プラド美術館 入り口
08/ ラス・メニーナス（女官たち）
09/ 映像美術 （光の採石場を思い出す）
10/ 彫刻美術

とを思い出しそこに行ってみるが閉鎖されていて、なんのことはない同じ駅だった。

グーグルマップでレストランの「ルイスカンデラスの洞窟」を探しバスに乗る。

ルイスカンデラスでスクランブルエッグと、2人前しか頼めないパエリアを注文するが45分かかると言われ一瞬迷ったが頼んでみる。パエリアはこれどう見ても4人前だろうという量で食べきれない。§*128

ギター演奏が始まり久しぶりにスペインギターを堪能する。帽子を持って回ってきたのでみんなと同じ5ユーロ入れようとするが10ユーロ札しかなく仕方なく入れると他の客に見せびらかせて喜んでいた。

部屋に戻ると12時過ぎていたがEuniceが出てきてテレホノ(iPhone)を取って

「警察が来て車が…」

「駐車違反?」

Euniceが頷く。

「車、見たけど元の場所にあったよ」

息子が言うので、とりあえず移動することにする。Euniceに、

「一緒に行ってもらえないか」

「2人仲良く」

わけわからんことを言うがとにかく一緒に行こうとすると、妻と2人で行けと手を振るので何か勘違いしていると思ったが車を移動しに行く。

標識を見ると昨晩止めた場所は身障者用で駐車違反になったらしい。Euniceに罰金とられないかと訊く

MADRID

13

11

12

14

11/ マドリッドアトーチャ駅
12/ アトーチャ駅内部
13/ プラザ・メイヤー
14/ 意味不明な物乞い

アルタミラ洞窟絵画

アルタミラ洞窟壁画は、先史ヨーロッパ時代の区分で主にマドレーヌ期（約 18,000 年 – 10,000 年前）と呼ばれる旧石器時代末期に描かれた野牛、イノシシ、馬、トナカイなどの動物を中心とする壁画である。ユネスコの世界遺産（文化遺産）に登録されている。
壁画は、ソリュトレ期に属する約 18,500 年前頃のものと、マドレーヌ期前期頃の約 16,500 年前～ 14,000 年前頃のものが含まれる。約 13,000 年前に落石によって洞窟の入り口が閉ざされたと考えられ、これにより幸運にも壁画は外気から遮断され、理想状態に保存がされている。現物は見れない。マドリッド考古学博物館とアルタミラ博物館と「志摩スペイン村」にレプリカがある。

ルイスカンデラスの洞窟

大盗賊にして人気者、スペイン版アルセーヌ・ルパンか石川五右衛門のようなルイス・カンデラスが根城にしていた洞窟をレストランにしている。
比較的安くておいしい。

プエルタ・デル・ソル

Puerta del Sol
スペイン国道の起点（0km）となっている場所。『太陽の門』を意味し、15 世紀にはマドリードを取り巻く城壁の門の一つであった。門の名前は、太陽が昇る東へ向けて門の入り口が設置されていたことに由来する。

と大丈夫と言ってるが、Eunice は運転しない人なので不安だ。

R/51

MADRID

13

13/ルイス・カンデラスの洞窟 §*128 €89.10

R/51

TODAY'S ROUTES FOR SEPTEMBER 9, 2016

歩行距離 7.7 KM

9月10日(土)
SEPTEMBER 10

起きたら8時過ぎていて食事もせずにトレドに車で向かう。

11時半トレドに到着。

トレドはグレコ

中国人観光客が大勢歩いているのを見かけ、後についてエスカレーターを何度も乗り換え高台に出る。

街はまだ閑散としていたが1軒だけバーが開いているのでコーヒーとパンの簡単な食事をする。§*129

サンマルティン橋を渡り対岸から写真を撮る。橋の横にロープが張ってあり、それに吊り下がって観光客が川を渡り始めた。楽しそうと眺めていたが、息子は乗りたいと言わないし、私も勧めなかった。

サンファンデロスレイエスカトリコス修道院の前まで行くが入らずに、サンタマリアブランカ教会に入

TOLEDO

01

02
§*129

03

04

01/ トレド外観　正面の門はビサグラ新門
02/ 朝食 §*129
03/ サンマルティン橋
04/ グレコ美術館

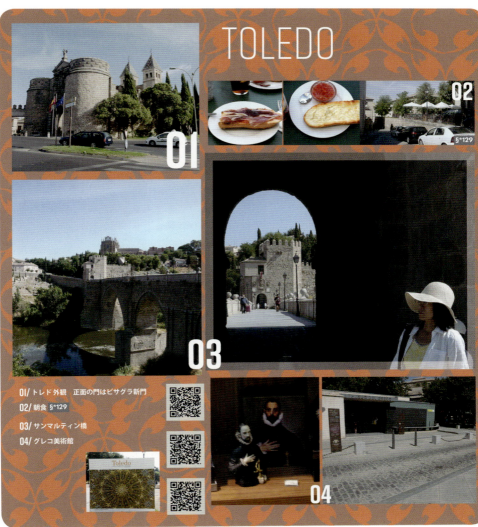

る。

いくつかの教会をまとめる入場チケットが9ユーロで売っているがどう考えても回り切れないと買わなかった。

グレコ美術館を見かけて入場する。胸に手を当てている黒い服の男の絵を見て

「同じものをプラド美術館で見たね」

妻に話しかけると、

「だってグレコが描いたものだから」

ここで初めてグレコ美術館はグレコの絵を集めた美術館だと気付く。自分の間抜けさに落ち込む。

オープンカフェで昼食にする。量が多そうなので2人前というメ

07

06

05
§*130

05/ オープンカフェで昼食 §*130
06/ 市街
07/ 大聖堂
08/ トレドで結婚式
09/ アルカサル
10/ カフェで一休み §*131 €21
11/ 太陽の門
12/ ビサグラ新門
13/ 城門
14/ トレド

3

10
§*131

08

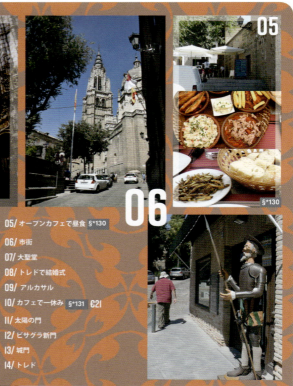

ニューを頼んだが、やっぱり半分ぐらい残してしまう。§*130

古いアメ車で花嫁が来るのを見かけて、しばらく教会の結婚式を見ていた。その後も何件も式に遭遇したのでもしかしたら「大安」なのかも。

サントトメ教会を横目にして、大聖堂に入る。ひどく豪華でキンキラキンの装飾には余り好感は持てなかった。

アルカサルも横目で通過し、賑やかなソコドベール広場に出てカフェで一休みする。§*131

クリストラテラスール御堂を素通りし太陽の門の前に立つ。この門がトレドで一番のお気に入りである。

そこからサンディアードデルアラバル教会を通り抜け最後にビサグラ

TOLEDO

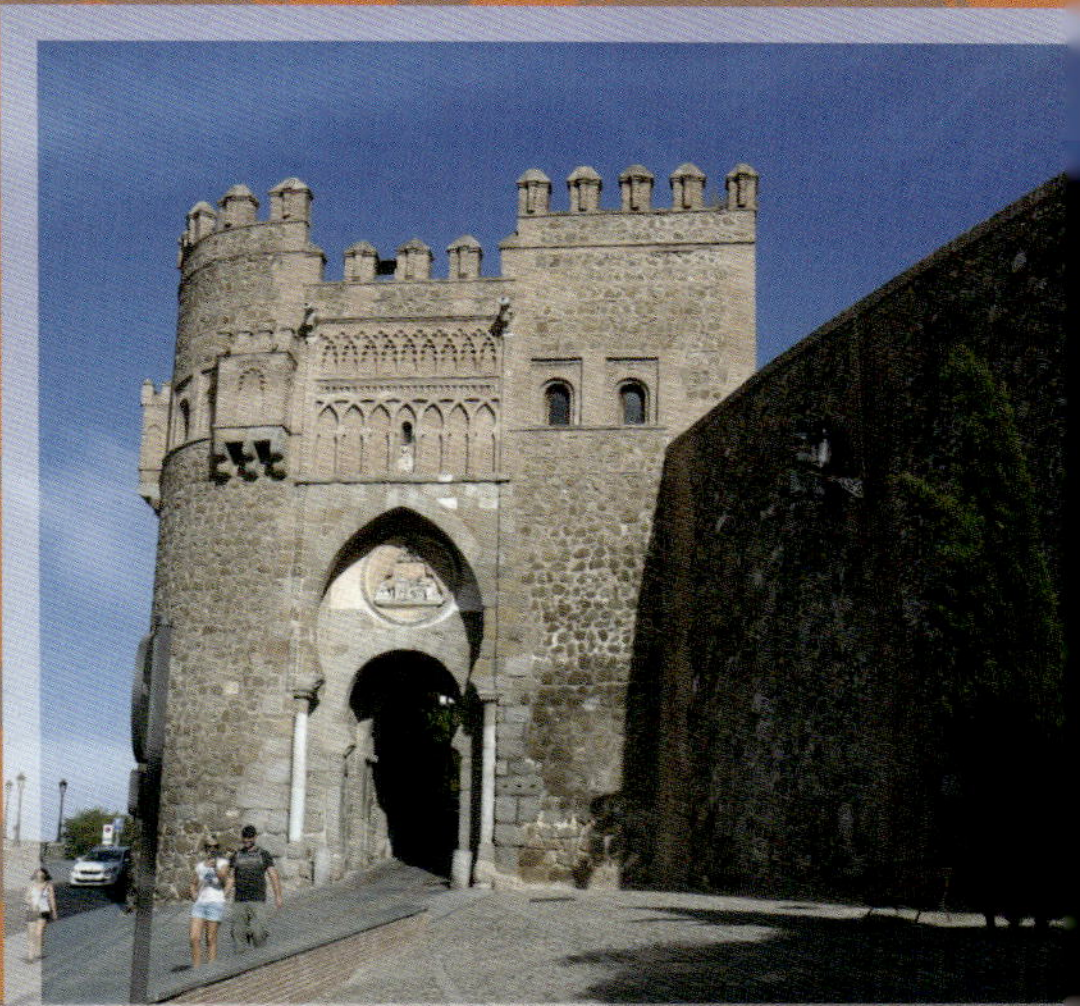

新門を見て帰る。

トレドも小さいが、歴史の雰囲気を大事にしている街だ。

7時半マドリッド帰着。

Eunice に食べてもらおうとそうめんを作るが小麦アレルギーで食べられないと断られ、代わりにご主人に少しだけ食べてもらう。

「うん、おいしい」

それだけ言うとさっさと部屋に引き上げて行く。ホントかな。

素麺を茹でるとき浄水器の使い方を教えてくれる。茹で終わって、浄水で冷やそうとすると、慌てて

「水はオリーブオイルと同じくらい高いから水道水を使って！」

Eunice は、日本の料理に興味があるらしく作る間じっと見ていた。

「明日教会で友達の結婚式があるからあんたたちも参加して」

Eunice から誘われるが、スケジュールが狂うし、断ろうと、

「礼服を持っていないから無理」

「気にしないでいい」

何度も勧められ、どんな結婚式か少し興味もあり、妻も断り切れないと言うので行くことにする。

洗濯物がだいぶ溜まったので、

「今日洗濯してもいい？」

「洗濯物を見せて」

洗濯物を見せると

「これなら1回分には少ないから、明日私の洗濯物と一緒にやろう」

ここも電気水道代が高いようだ。

R/52

iPad で3シムを使うとき

設定を開き
モバイルデータ通信をタップ
モバイルデータ通信・・ON
オプションをタップ
4G をオンにする・・OFF
データローミング・・ON
EU インターネット・・OFF
APN 設定をタップ
APN・・three.co.uk
ユーザー名・・< 空欄 >
パスワード・・< 空欄 >

以上で接続できたが、電波状態が悪いと3ITA が別の通信に代わっていることがある。その場合は切れてしまうので、再度電波状態のいいところでやり直す必要がある。また iPad からテザリングもできたが、かなり遅くて不安定だった。3ストアに iPad を持って行って聞いても接続できないといわれたが、あきらめずに設定をやってみた結果である。
ただしこのことは私の iPad をイタリアで3のシムを使った場合で、誰でも同じ状態になるとは限らない。状況次第でいろいろやってみる必要があるだろう。

R/52

TODAY'S ROUTES FOR SEPTEMBER 10, 2016

走行距離 171 KM 歩行距離 11.6 KM

9月11日(日)
SEPTEMBER 11

8時半食事のため外に出てみるが隣の店以外は閉まっている。どうやら日曜日は空いている店がほとんどない。隣の店でクロワッサンやドーナツを食べて部屋に戻った。

§*132

着ているシャツがしわだらけだからアイロンをかけたほうがいいと言われる。（だから服がないと言ったのに〜）仕方なく自分と夫のシャツにアイロンをかける。

ホストママのワンピースの後ろのリボンを結んであげたり、母娘のようで楽しかった。

マドリッドの結婚式

Eunice の友人の結婚式に11時半車で連れて行ってもらう。息子は休

01/ 朝食 §*132 €9.40
02/ 結婚式
03/ 昼食 §*133 €9.40
04/ スペイン広場
05/ スペイン広場 ドンキ・ホーテとサンチョ・パンサ

MADRID

んでいてと言われ部屋で寝ている。途中で中国人の食材の店に寄って買い物をするので私たちもレトルトカレーを買う。

結婚式場で何人かに紹介してもらい挨拶をして式に参列する。

イヤホンを渡されて、何事かと思ったら式の会話を英訳して話してくれる。英語が良くわからないのであまり役に立たなかったが、親切な人が多い。

結婚する2人は再婚のようで、花嫁の娘さんに言葉をかけられて2人涙ぐんでいた。

「披露宴のパーティにあんたたちも参加する?」

式が終わってEuniceが訊いてくる。

「息子が心配なので地下鉄で帰ります」

「それなら、車で送っていくよ」

「いや、それはまずいから短い時間でよければ…」

ホスト夫婦が披露宴に出られないのは申し訳ないから、参加することにする。

パーティは結婚当事者の登場前にみんな適当に飲んだり食べたりしている。

2人のあいさつの後何人かと話をする。

「この結婚式はプロテスタントなんだ」

「スペインはカソリックと聞いてるけど」

「ごく少数だがプロテスタントの信者もいるんだよ。

イタリアとスペインはほとんどカソリックでオランダはプロテスタ

07

06

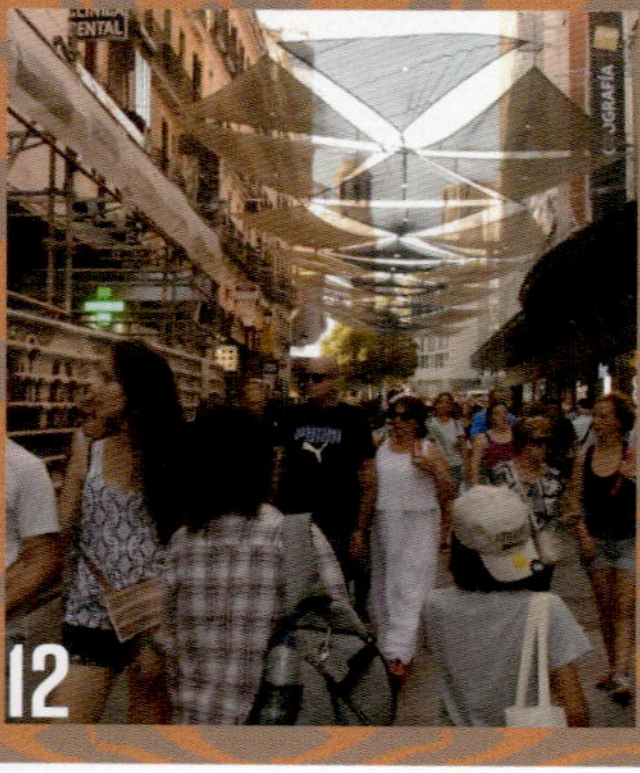
12

09

10

ントだ」

「フランス人はどうなの？」

「あいつらは無神論者なんだ」

「へー、そうなんだ」

式を早めに引き揚げてホストの車で部屋まで戻る。

息子のためにパスタを作ろうかと言われるが、これから観光に出かけるからと断る。

スペイン広場に車で行くことにするが、住所がわからないとガーミンに入れられない。HAWEEL のナビを使ったが現在地が追い付かないので、途中から iPad にする。

スペイン広場に近づいたので適当に駐車場に入れる。広場まで歩いていく途中でカフェに入り軽く昼食をとる。§*133

広場にはドン・キホーテとサンチョ・パンサの銅像があるはずだがなかなか見つけらず、噴水の塔の裏側で見つかる。

公園を抜けて王宮に行く。王冠や玉座の豪華さは素晴らしく、撮影禁止のところを隠れてちょこちょこ撮っていたら係りの人から「消して」と止められた。王宮美術館では美術展を見た。

コロレス通りのチョコラテリア・サン・ヒネスで有名なチュロスを食べる。スペインではお酒の後の締めに食べることも多いらしい。見た目ほど甘すぎることもなくおいしくてお代わりをする。日本でも売れると思うけれど。会社がダメになったら自宅を改装してやろうかな。§*134

MADRID

06/ 王宮美術館
07/ 王宮
08/ チョコラテリア・サン・ヒネス §*134 €10.10
09/ プラザ・メイヤーの大道芸
10/ プエルタ・デル・ソル広場 クマとイチゴノキの像
11/ プエルタ・デル・ソル広場
12/ 商店街
13/ 自転車レース
14/ 凱旋門
15/ バンキアと Realia タワーズ
16/ バールで夕食 §*135 €19

プエルタ・デル・ソル広場に行くと着ぐるみがかなり立っていて、その合間を夥しい人がただぶらぶらと歩いている。その広場には市の紋章であるクマとイチゴノキの銅像がある。

夕食にレストランを探しながら駐車場に戻る途中自転車レースが催されていた。これは珍しいと写真を撮ろうと構えると妻がもう遅いと先に行ってしまうのであきらめるが、無理にでも写真を撮ればよかったと後悔する。レストランが見つからないうちに駐車場についてしまう。

部屋に戻る途中、自転車レースのためらしくあちこちで車両通行止めにあい、ひどく遠回りさせられた。

部屋の近くに駐車スペースがなく、2人を先に下し遠くに停め、歩いていると妻と息子が歩いて来るのに出会う。

Eunice お勧めのバールで夕食にする。酒かと訊かれるが食事と答えるとこの中から選んでとメニューを渡される。

3品頼むとお通しらしきものが付いてくるが、料理はどれもおいしかった。でも量が多くてとても食べきれない。懲りないが、用心して少な目に頼むと慌てるぐらい少ない時もある。§*135

明日はフランスにまた入る。いよいよ残り2週間、最後の直線だ。R/53

9月12日(月)
SEPTEMBER 12

Eunice からプレゼントをもらう。

Airbnb の評価、★5個つけてとお願いされる。

メールアドレスの交換などをして9時40分出発。今日中にボルドーに着かないといけない。

セゴビアの白雪姫

セゴビアには11時半ごろ着き水道橋地下駐車場を目指すが、渋滞規制などで入れず離れた場所に駐車する。

水道橋は各地で見てきたのでまたかという気分だった。ところが幅は2mぐらいしかないのに低いところで5m、高いところでは30mもある。それでも緩やかな水勾配を重機もコンピュータもなくて作り上げるローマ人の技術水準の高さに舌を巻

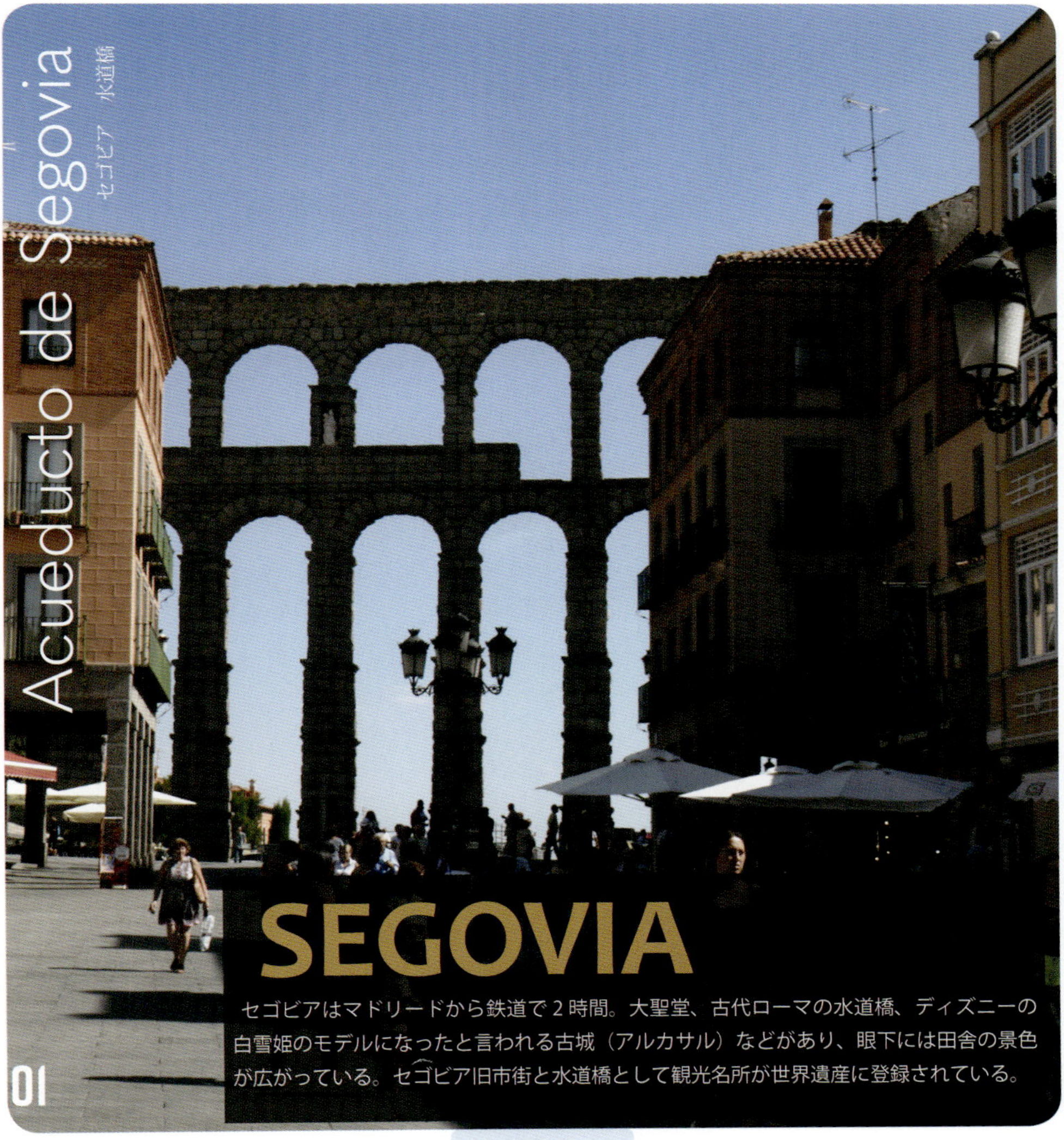

Acueducto de Segovia
セゴビア　水道橋

SEGOVIA

セゴビアはマドリードから鉄道で2時間。大聖堂、古代ローマの水道橋、ディズニーの白雪姫のモデルになったと言われる古城（アルカサル）などがあり、眼下には田舎の景色が広がっている。セゴビア旧市街と水道橋として観光名所が世界遺産に登録されている。

01

€ 52.0/51.59 ℓ

いた。

中心街に行き食事をする。まあ普通のスペイン料理だった。§*136

アルカサル（ディズニーランドの白雪姫の城のモデル）を見に行く。入口から見るとそれほど美しいとは思えなかったが、離れて下から見上げればきっと美しいだろう。今日中にボルドーにつかないといけないので、ちら見して先を急ぐ。

今回の旅行の最大の長丁場、ボルドーに向かって車を走らせる。フランス国の案内を見かけたが、国境はどこかわからなかった。

私と妻が交代で運転し、速いときは180キロで飛ばすが、それでもボルドーにつくのが8時半になりそうになり、その手前でホテルをガー

SEGOVIA

01/ セゴビア水道橋
02/ スペイン料理 §*136 €31.20
03/ セゴビア水道橋
04/ セゴビア市街
05/ アルカサル城 Alcazar de Segovia

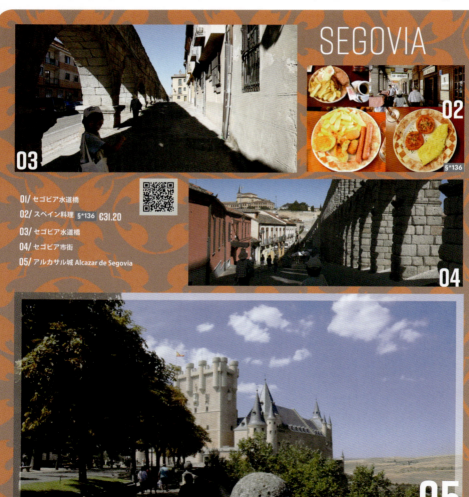

ミンで検索する。

フランス

ボルドーは土砂降り

最初に見つけたホテルには誰もいなかったので、その先のホテルに行くとチェックインがすべて自動化されている。機械相手に45ユーロを払うと部屋が指定され暗証番号を教えてくれる。Ω»28

部屋のドアの番号を入れ、荷物を入れる。そこでホテルにレストランがないことに気付き、ホールの女性にどこか食べる場所はないかと訊くとハイウェイの次のインターまで行けばあると教えてくれる。車を出して教えてもらったレストランに向かう。

そのレストランはホテルに併設されていて、こちらのホテルのほうが立派だった。もう少し探せばよかった。

レストランに入って食事を頼むとウェイトレスは英語が全くできず（ウォーターすらアグアと言わないと通じない）フランス語のメニューと悪戦苦闘し、ジャパニーズスタイルという言葉と目見当で頼む。脂身の多い肉のことらしいが肉はあまりおいしいとは言えなかった。

妻が「勘定して」をフランス語で頼むと「分かった」と応じるが、かなり待たされてようやく支払いを済ませた。§*137

ホテルに戻りWi-Fiのパスワードがわからないので訊こうとするがホールに誰もいない。見当つけてアクセスするとつながった。

R/54

SEGOVIA>>BORDEAUX

06

07

08
Ω»28

09
§*137

06/ セゴビア➡ボルドー

07/ フランス国境

08/ ボルドー ホテル Premiere Classe Ω»28 €45.60

09/ レストラン 夕食 §*137 €52

R/54

TODAY'S ROUTES FOR SEPTEMBER 12, 2016

走行距離 750 KM 歩行距離 7.7 KM

Chapter 9

FRANCE

02

9月13日(火)
SEPTEMBER 13

8時半には朝食を食べ §*138 9時半ごろホテルを出る。雨がぽつぽつ降り始める。

ボルドー市街に入ると雨が強くなって駐車場から出たときには傘を差さないと濡れるほどになる。大聖堂のある広場に行き、食事ができる場所を探すが2軒しかなくて1軒はパスタ、もう1軒は高めの店で迷った末、高いほうのレストランに入る。

いつも多すぎるのでコース料理は1人だけ、あとはスープとサラダを頼んだがそれでも多すぎる。ボルドーでワインを飲まないのもおかしいと言えばおかしいが子どもがいるし2人とも運転するので飲めない。

§*139 結局ヨーロッパにいる間一滴も酒を飲まなかった。

BORDEAUX

01
§*138

03
§*139

01/ ホテル朝食 §*138
02/ ボルドー大聖堂
03/ レストラン §*139 €53.40
04/ ボルドー市街
05/ ボルドーの吻側列 Colonnes rostrales

04

05

そのころから急に雨脚が強くなり、歩くのにも難儀するほどになる。車に戻り、橋を渡って、Water Mirrorに行こうとしたがあまりにひどい雨でそこが鏡のようになるとは思えないし、ボルドーを出ることにした。

高速に入ってしばらくして妻が運転してもいいというので交代し、1時間ほど運転してサービスエリアに入り休憩する。その後2人で交互に運転しナントに向かった。

ナントの象は何とお休み

ナントの曲がりくねった市街地を抜け、半年前から楽しみにしていたレ・マシーン・ド・リル遊園地の駐車場に6時過ぎに到着する。

目的の巨大象に向かって歩いていくと牙が見えて来る。「あれだ!」

と思って近くに寄るとフェンスで囲われていて、ビラが貼ってある。嫌な予感をしながら読むとSeptember 12,15 Men-tenance という文字が見える。メンテナンス中で動いていない。息子もかなり楽しみにしていたので息もできないほど衝撃を受けている。

「トラベルはトラブルだから」

息子が呟《つぶや》く。

それでも妻が「他にも何かあるか見てみようよ」と歩き出す。

妻は回復が早い

だって落ち込んでいても楽しくないでしょ。

遊園地らしきもの (Carrou-sel des Mondes Marins) が見えるがどうやら閉まっているらしい。案内を見ると8月中は8時、9月以降は5時閉園となっているので明日は見れるかもしれない。

川に船らしきものが泊まっているのに気づき寄ってみるとレストランo'Deckの灯りがついている。7時過ぎなのに客が1人もいないが、ウェイターが席に案内してくれた。

06/ ナントの象
07/ 公園にあったバスケットゴール
08/ Carrousel des Mondes Marins
09/ レストラン o'Deck §*140 €71.60
10/ 7 Urban Hotel Ω»29 €198.50

NANTES

ナント（Nantes）は、フランスの西部、ロワール川河畔に位置するペイ・ド・ラ・ロワール地域圏の首府。ナントにある20世紀初頭に建てられた旧造船所は、今日、機械仕掛けのアトラクションが展示される夢の工房となっている。

06

料理は想像より高かったがおいしい。特にカルボナーラ風のスパゲティはくどくなくよかった。§*140

今晩泊まるホテルをiPadでHotel.comを使って探し、Turban Hotelを見つける。予約を入れようとするがPaypalが動かなくてできない。妻が直接行けばというので車でホテルに向かう。

ホテルの前で止めていつものように妻と息子が入って行く。部屋はあるが、駐車場は満車で路上駐車なら朝の9時まで大丈夫だそうだ。Ω»29 朝食込みで€198・5で高いが内装は素晴らしく、寝室とリビングキッチンに分かれている。妻は何よりシャワー室とトイレが別だと感激していた。

R/55

07

NANTES

09

§*140

08

10

Ω»29

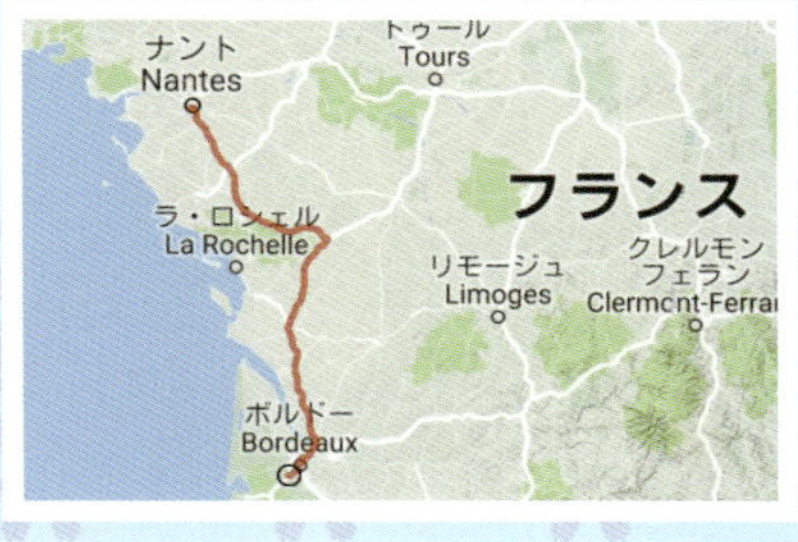

R/55

TODAY'S ROUTES FOR SEPTEMBER 13, 2016

走行距離 190 KM 歩行距離 2.4 KM

9月14日(水)
SEPTEMBER 14

ホテルの前は9時以降は有料なので8時半ごろ駐車料金を10時半まで入れる。朝食ビュッフェは数も多く味も悪くない。§*141

10時過ぎ車を遊園地の駐車場に移し中に入るがやはり象は動いていない。Carrousel des Mondes Marinsも電気はついているが人の気配もない。

受付では午前中は動かないといわれるが昼にはナントを出ないといけない。工場に戻る途中で博物館らしき建物を見て入ってみるが船の模型や説明で興味を引くようなものではない。

遊園地の中の博物館風の建物の中で何か動いているのが見えたので料金を払って入ることにする。

03

05

02

01 §*141

06 §*142

01/ ホテルの朝食 §*141 €21
02/ ナントの象　Le Grand Elephant at Les Machines de L'ile
03/ 蜘蛛型ロボット
04/ 蟻型ロボット、他
05/ 複葉機
06/ 昼食 ケンタッキーフライドチキン §*142 €22.45

クモや鳥、飛行機などの形をした機械が順番にフランス語で説明し、その後動かして見せている。時折蒸気を吐きながらクレーンやモーターで大仕掛けに動かしていて、よくできていると感心したが、何せ説明がフランス語で長いのでほとんど意味不明。

2階に上がってみることもできるが、いずこもフランス語で何が何やらさっぱりである。

BookShopで息子がTシャツを買いたい素振りだったので、お父さんとおそろいにしようとサイズ違いのTシャツを2枚買う。

•••• 買いたかったのはお父さんじゃなかったの？

1時ごろ車を出してモンサンミッ

シェルに向かう。

草原とも湿原ともつかない平野を飛ばしていたが燃料が危ないと高速を降りる。給油をしてから高速に戻る途中、ケンタッキーフライドチキンを見かけて4時ごろ遅い昼食にする。 §*142

モンサンミッシェルに向かって走らせていると日本語の看板があるワインショップを見つける。初老の粋なおやじが出てきて

「なに?」

「ワインを日本に送ることはできる?」

「むつかしいな」

「ところで、外の看板に日本語が書いてあるのはなぜなの?」

「以前日本人が来て書いてくれたが、何と書いてあるかわからん」

説明してあげると納得していた。

NANTES

モンサンミッシェルの牛

モンサンミッシェルに5時半到着したが、ゲートがあって入れない。しばらくその前で逡巡した後、予約したホテル La Roluis dis Ray に電話しその旨伝えるとパスワードを教えてくれた。 Ω»30

チェックインを済ませ、荷物を部屋に入れようとしたとき、ショルダーのひもが外れカメラを落とし、保護フィルターを割ってしまう。カメラ多事多難。

モンサンミッシェルまで2人はバスで行こうと言うが、歩いて行く。少しずつ近づいてくるたたずまいがとても美しい。

城内の坂道で夕食のレストランを探す。レストラン前のメニューに日

Mont Saint-Michel

モン・サン＝ミッシェル

MONT-SAINT-MICHEL

モン＝サン＝ミッシェル（Mont-Saint-Michel）は、フランス西海岸島、及びその上にそびえる修道院。

708年、司教であったオベールの夢に大天使ミカエルが現われ、修道院を建てるよう告げた。修道院が頂上にそびえる島内は、木組みの家々、塔、城壁や石畳の路地といった中世の面影を残している。ヴィクトル・ユゴーやモーパッサンらが讃えた修道院は、8世紀はじめにベネディクト派の僧院として設立され、以来増築を繰り返した。フランス革命の際には刑務所として利用されたこともある。1874年にフランスの歴史的記念建造物に指定された。

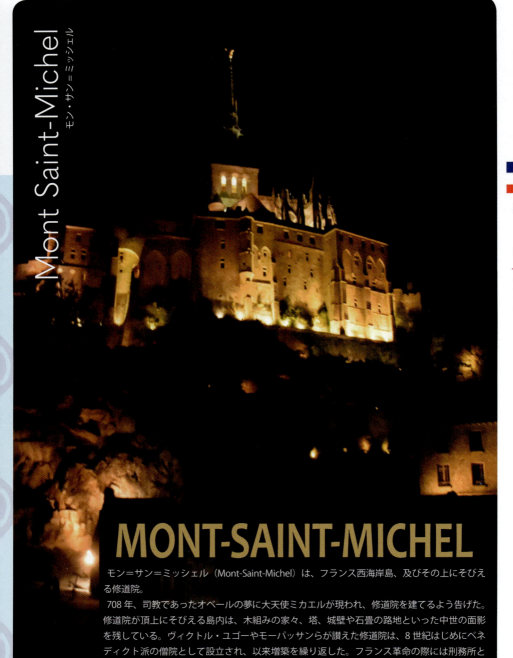

本語が目につくがどれも同じ文面なのが不思議。

安そうな店La Confianceに入り名物のオムレツと魚のスープを頼む。でも、マドリッドでごちそうになったオムレツには到底かなわない。「名物に旨い物なし」は分かっているけど。いずれにしろ昼を4時に済ませたばかりのため食べきれなかった。

§*143 周りには日本人客が数組いたが、お互い無視しながら気にしていた。

帰りはシャトルバスで宿に戻った。部屋で息子と妻はインスタント味噌汁を飲んだ。

R/56

MONT SAINT-MICHEL

07/ モン・サン＝ミッシェル遠景

08/ モン・サン＝ミッシェル ゲート

09/ ホテル La Roluis dis Ray Ω»30 €176.26

10/ モンサンミッシェル Le Bas Pays

11/ モン・サン＝ミッシェル島内

12/ 夕食 La Confiance §*143 €41

13/ 名物オムレツ

R/56

TODAY'S ROUTES FOR SEPTEMBER 14, 2016

走行距離 404 KM 歩行距離 4.4 KM

9月15日(木)
SEPTEMBER 15

8時に起きて、ホテルの朝食が別料金だったので朝食代を払う。種類は特に多くも少なくもなくごく普通の朝食である。§*144

ホテルをチェックアウトし、荷物を車のトランクに入れる。道になぜか作り物の牛が何頭もディスプレイされている。

うすら雨が降っているのでシャトルバスに乗りモンサンミッシェルに入り坂の上の修道院に入る。

壁や天井の装飾は何もなく伽藍洞だった。フランス革命の時、宮殿や教会に人々がなだれ込んでみんな剥がして持って行ったそうだ。

それでフランスの城はどこも見事なぐらい殺風景なのだ。フランス人は無信教だと言ったマドリッドの男の言葉を思い出す。

双頭のバスに乗ってホテルまで戻り、土産物屋を覗いてからベルサイユ宮殿に向かう。途中サービスエリアで簡単な昼食を取る。§*145

ベルサイユきんきら金

途中で事故渋滞にあって遅れるがベルサイユ宮殿には4時半に到着、前の駐車場に停める。宮殿は30年前に来た時はそれほど素晴らしいとは思わなかったが、これまで哀しいほど殺風景な城を見てきたので、好き嫌いはともかく金色に輝く装飾など見応えはある。

閉館の6時まで見て歩き廻り、係員から出てと言われる。

車を駐車場から出そうとするが精算機がどこにも見当たらない。ゲー

02

03

04

05

トで試しにクレジットカードを入れてみても開かない。インターフォンでも要領を得ない。息子に訊いてもらいゲートの外の目立たない建物にあることが分かり、妻が支払いに行って出ることができた。

パリで飛ぶ

再び高速に乗り車の最終目的地パリを目指す。ところがまたもやパリ市内の高速道路で渋滞にはまり、着いたら8時になっていた。Airbnbの建物を見つけて呼び鈴を押すが何の応答もない。ホストにメールや電話をするがフランス語でさっぱり要領を得ない。

困り果てているとホストからSMSで「叔母が鍵を持っているから電話してくれ」と来る。電話をすると相手の英語が訛っていて皆目わからない。息子に頼んで訊いてもらい「8時まで待っていたが仕事があったので帰った」と聞き取ってくれた。

その時点でメールなりメモを残すなりしてほしかったが、文句を言っても始まらないし。

住所をSMSで教わりグーグルマップで経路を探し再び迷路のような高速道路を走る。叔母さんの建物の前で車を停めて、2人が謝っている叔母さんから鍵をもらって来て、無事部屋に入ることができた。

部屋はベッドルームが3室、バストイレが2部屋あって余裕たっぷりである。 Ω»31

カレーうどんと、カップヌードル、焼きそばなんぞを作って分けて食べた。 §*146

携帯などの充電をするためコンセ

MONT SAINT-MICHEL

01/ ホテルの朝食 §*144
02/ シャトルバス　前後に運転席がある
03/ 修道院 内部
04/ 修道院から見た干潟
05/ モン・サン＝ミッシェル
06/ モン・サン＝ミッシェル市街
07/ 修道院 エントランス
08/ 修道院 礼拝堂

ントに刺した瞬間、真っ暗。配電盤を探したがどれも入っている。配電盤の下のメインスイッチらしきものを入れるとすぐ切れる。もしかしたらと全部の分電スイッチを落としたらメインを入れることができた。それから1つずつスイッチを入れてショートしているスイッチを特定しそれ以外を入れると元に戻った。

2人は1時過ぎにようやく寝られた。パリの初めての夜はバケツに落ちた亀になった気分だった。

出発の前にいろいろと教えてくれた浅野さんがパリに来ていて、Facebook経由で今日なら夕方から食事はどうですかとメッセージが来たので「ぜひ」と返した。

R/57

10

09 §*145

11

VERSAILLES

09/ 昼食 §*145 €14.30
10/ ベルサイユ宮殿 玄関
11/ ベルサイユ宮殿内部

PARIS

12/ パリ高速道路

13/ パリ Airbnb Ω»31 ¥36046 / 7 DAYS

14/ Airbnb 1 階

15/ Airbnb 2 階

16/ Airbnb で夕食 §*146

R/57

TODAY'S ROUTES FOR SEPTEMBER 15, 2016

走行距離 404 KM 歩行距離 8.3 KM

Tour Eiffel
パリ　エッフェル塔

PARIS

パリ（Paris、巴里）は、フランス北部、首都
主な観光地、凱旋門、エッフェル塔、エリゼ宮、ガルニエ宮（オペラ座）、アンヴァリッド（廃兵院）、ノートルダム大聖堂、パレ・ド・ジュスティス、オペラ・バスティーユ、ポンピドゥー・センター、サクレ・クール寺院、マドレーヌ寺院、ルーヴル美術館、オルセー美術館、シテ科学博物館など

9月16日(金)
SEPTEMBER 16

今日はルーブル美術館に行く。

朝になって妻が洗濯機が動かないと言い出す。たぶん昨日のブレーカーのせいだろうとコンセントを調べショートしている線を離してブレーカーを戻すと動いた。

妻が洗濯を始めて、その間に車の中からごみと自分のものを分けてきれいにして、10時、プジョーオープンヨーロッパの返却に向かう。

11時リターン口に到着し返却手続きをする。係りの人から「きれいに使ってもらいありがとう」と言われた。息子が嘔吐した匂いは消えているようだった。走行距離は7000キロを超えていた。

地下鉄の駅に行く前にレストランを見てメニューを見せてもらうがえらく高いのでやめてシテまで地下鉄で行く。12時シテに着き、オープンカフェで簡単な食事を取る。§*147

ルーブル美術館に向かって歩いていると浅野さんから「一緒に食事をしませんか」と電話がかかって来た。今日の6時半にシャンゼリゼ通りのレストラン Leon de Buxelles で会うことにする。

美術館に入り、オーディオガイドを借りる。ルーブルを見るのに1日かけようと思っていたが、遅くなったので定番のミロのビーナス、モナリザ、「サモトラケのニケ」等、見逃せないものだけに絞る。その中でも見たかったのはサモトラケのニケで、その躍動感に改めて感激する。

「ナポレオン一世の戴冠式と皇妃ジョゼフィーヌの戴冠」を目の前にしてその大きさに度肝を抜かれる。

PARIS

01/ プジョーオープンヨーロッパ返却

02/ セーヌ川サン・ミッシェル橋

03/ オープンカフェ §*147 €38.30

04/ セーヌ川

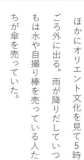

美術雑誌で見るのと本物を見るのはまるで違うと思わされる。

ほかにオリエント文化を見て5時ごろ外に出る。雨が降りだしていつもは水や自撮り棒を売っている人たちが傘を売っていた。

シャンゼリゼ通りをオーシャンゼリゼを歌いながら歩く。レストランLeon de Buxellesで、浅野さんのお勧めのムール貝の食事をして旅の話で盛り上がる。ムール貝はさほど好物ではなかったが、食べてみるとまろやかな上品さが予想外で綺麗に平らげた。 §*148

さて、帰ろうとするとiPadを入れた黒い鞄がないことに気がついた。どこを探してもない。レストランの中で座っている席のすぐ脇に置いておいて盗まれるとは夢にも思わなかった。iPhoneで「アイフォンを探す」を使ってiPad検索したが出てこない。仕方なく店を出て地下鉄の駅まで浅野さんと一緒に行きそこで別れた。

地下鉄のFront Populaire駅を降りて部屋に向かうにもiPadがないので地図が開かない。ガーミンを使う。

終着駅のホームでフランス語のアナウンスのなかにそこだけ日本語で「すりや置き引きにご注意ください」と流れ、間のよさに笑うしかなかった。

部屋に戻りパソコンの「アイフォンを探す」でiPadを探すと行ったことがない場所の地図が出た。

鞄の中身はiPadと自撮り棒と電池、ビデオカメラぐらい。財布もパ

PARIS MUSÉE DU LOUVRE

05/ ルーブル美術館
06/ サモトラケのニケ
07/ ミロのヴィーナス
08/ ナポレオン一世の戴冠式と皇妃ジョゼフィーヌの戴冠
09/ アルテミスと雌鹿
10/「モナリザ」
11/ レストラン Leon de Buxellees §*148 €120

スポートも無事で、旅行も終盤でビデオカメラがなくてもさほど困らない。iPadはこの旅行が終わったら息子に上げようと思っていたのでデータはほとんど抹消してある。一番参ったのは息子で、もらえると思っていたiPadがもらえなくなり、無口になった。

財布は盗まれるしさんざんだね。
これも人生経験さ。

R/58

R/58

TODAY'S ROUTES FOR SEPTEMBER 16, 2016

走行距離 16 KM 歩行距離 7.7 KM

9月17日(土)
SEPTEMBER 17

今日はオルセー美術館に行く。

肌寒い小降りの雨の中10時過ぎに出て Front Populaire 駅に向かうが道を間違えて右往左往しようやく見つける。そこから地下鉄12番で Solférino 駅で降りる。

歩いていると昼になり SUSHI と書いてある食堂に入る。絶対中国人という痩せた中年男が中華と鮨を１人でやっている。案の定安くて量は多いが…。 §*149

30年前はオルセー美術館はできたばかりでとても秀麗でフランス語と英語と日本語の案内があった。今は、日本語はなくなり、それなりに年を経た。

オーディオガイドは借りずに、私が息子に説明しながらゴッホやゴー

PARIS MUSÉE D'ORSAY

オルセー美術館

この美術館は元はオルレアン鉄道のオルセー駅であったが手狭になって解体する計画が起きた。しかしパリの旧市街の景観を壊したくないからと 1986 年イタリアの女性建築家ガエ・アウレンティの手で美術館として改修され、歴史を感じるモダンな建物となっている。印象派やポスト印象派など 19 世紀末パリの前衛芸術のコレクションを中心に展示されている。個人的にはルーブルよりお気に入りである。

ギャン、ミレーの絵画を中心に見て回る。特にミレーの晩餐と落穂ひろいの歴史的意味を説明する。息子は納得していた。

次の目的地、凱旋門にシャンゼリゼ通りを向かう途中の店を覗いたり雰囲気を楽しむ。息子がマクドナルドを見て休みたいと言うがカフェでお茶にする。 §*150

前回は展望台に上がらなかったので今回は是非と、凱旋門へつながる地下道に入ろうとすると兵士に制止される。

「凱旋門の周りに人がいるじゃないか」

文句を言うが、

「問題が起きて閉鎖している、誰も入れない」

04 §*150

05

06

01/SUSI、中華 §*149 安いけど

02/オルセー美術館

03/オルセー美術館 晩鐘、落穂ひろい

04/カフェ §*150 €32.40

05/コンコルド広場 クレオパトラの針

06/シャンゼリゼ

銃を構えているので兵士相手に戦えないし、あきらめた。今回の旅行では予定通りではないことが頻発しているような気がする。

日頃のココロガケがイケナイ

寒いと妻が言い出しコートの類を探してシャンゼリゼのファッションショップを軒並み覗く。気にいると大きすぎ長すぎで、何も買えないままシャンゼリゼ通りの端まで来ると6時を過ぎている。

Wi-Fiが使える場所で、シャンゼリゼ通りだし、本場フランス料理を食べさせてくれるレストランを探すが、2人とも気がすすまないようで、息子が私のスマホを取って和食レストランを探し近くに「ジパング」を見つけだす。せっかく、パリのど真ん中に来て和食かよと思うが、息子にすればあと3か月しないと日本に帰れないのだから、どうしても食べたいらしい。ま、仕方ないか。

開店の7時になるのを外で待っている間、1人でスーパーに行きパンとバナナとブドウを買って来ると、2人はしゃぶしゃぶを頼んでいた。

§*151

この店は日本人の経営のようで日本語が完璧に通じて本格的な和食を出してくれる。ミラノで「次はパリで本格的な和食が食べられるね」と言った通りになった。

うどんは食べきれなかったので持ち帰りにしてもらう。

日本人の店員さんにうどんと野菜を持ち帰りたいとお願いし、お会計をクレジットカードで頼むと「フランス語でよろしかったでしょうか?」と端末を渡される。パリジェンヌになったようで気分が良かった。

PARIS

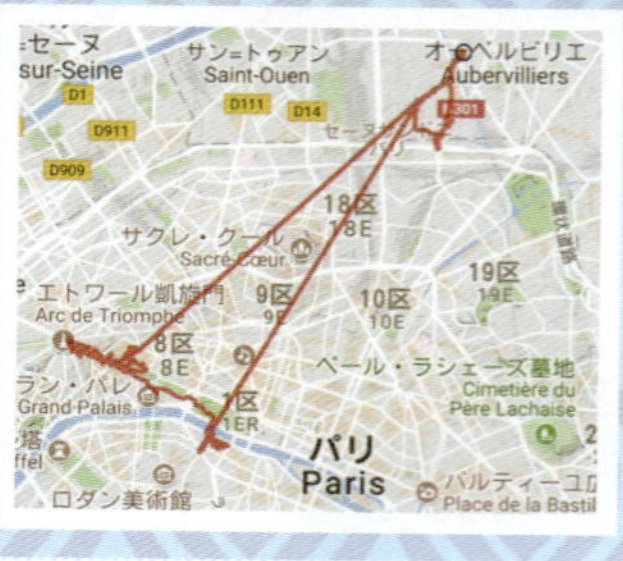

R/59

TODAY'S ROUTES FOR SEPTEMBER 17, 2016

歩行距離 12.3 KM

07/ 凱旋門(入れませんでした)

08/ 和食レストランジパング §*151 €114

09/ 帰りの地下鉄

9月18日(日)
SEPTEMBER 18

エッフェル塔に行くが、天気があまりよろしくない。雨は降っていないが厚い雲がかかっている。昨日買ったパンとコーヒーで朝食を取り、9時ごろ出る。

Front Populaire駅で乗り、乗り換え駅Gare de Nord駅で迷う。RER(長距離列車)のCラインが見つからない。よく見るとGare de S_aint-Michel-Notre駅まで歩くとなっているがかなり距離がある。路線図をよく見るとその間はBが走っている。地下鉄の切符でRERに乗れるかどうかで妻と意見が分かれる。切符を確かめるとRERにも乗れるとなっていたのでBに乗り、Cに乗り換えてChamp de Mars駅で降りてエッフェル塔へ行くことができた。

PARIS

01/ エッフェル塔
02/ チケット窓口
（たばかられて不機嫌な息子）
03/ エレベータ中
04/ エッフェル塔から

エッフェル塔もセキュリティチェックがうるさい。息子が階段で上がりたいと騒いでいたが「そうか、そうか」と言ってエレベータの列に並び、息子が階段じゃないと気がついたときにはチケット売り場は目の前だった。

窓口でTOPまで行きたいというと天気が悪くて今は閉まっているといわれ、2階までしか売ってくれない。エレベータで2階の展望台へ行き歩き回っていると、TOPに行くエレベータに列ができている。とりあえず並んではみたがチケット売り場がやはり閉まっていて、このままエレベータの前までいってダメを出されたら時間の無駄なので途中であきらめる。

05

06

PARIS

05/ 廃兵院、ナポレオンの棺
06/ カルチェラタン
07/ 韓国料理の店 §*152 €51

07

§*152

眺望をゆっくり眺めてから下りのエレベータで地上に降り、エッフェル塔を背景に写真を撮ろうと三脚を立てたが仰角がきつくてうまく撮れず行ったり来たりしていたら、物売りのおっさんがカメラのフレームを覗き込んでOKのサインを出してくれた。

アンヴァリッド廃兵院に向う途中1時になりレストランを探す。息子は和食を食べたいと主張するがSUSHIはどれも中国系で美味しいとは思えず、韓国料理の店を見つける。メニューが日本語でも書いてあるので入る。料理は普通の韓国料理でおいしい。§*152

食事の後息子がトイレに行って一向に出てこないので妻に催促に行かせたら、iPadで何か読んでいた。

急いで廃兵院に行きナポレオンの

回り切れないだろ

PARIS

§*153

08/ デプレ教会
09/ カフェ §*153 €29.40
10/ クリューネ中世美術館
11/ ソルボンヌ大学

棺を見せながらナポレオン時代の話をする。

次にサンジェルマンデプレに向かい、デプレ教会のロマネスク形式を見て覚えておくように息子に言う。

カルチェラタンに行く途次、お茶休憩をする。§*153 カルチェラタンの話をしてからクリューネ中世美術館に入ろうとしたら6時で閉館の5時45分に間に合わなかった。

仕方ないのでパリソルボンヌ大学の前で写真を撮り、最後にリュクサンブール公園に入り散歩する。公園の中の池にヨットの模型がいくつも浮かんでいた　。

帰ろうとしたらぱらぱら雨が降ってきたので、折り畳み傘を引っ張り出しているうちに止んだ。

今日はモンパルナスとクリューネ中世美術館が回れなかった。

RER の Luxembourg 駅で乗り Nord で4番に乗り換えようとするが全く動こうとしないので La Chapelle まで行き2番で Pegalle で12番に乗り換え Front Populaire 駅に着く。

8時半ごろ部屋に戻って妻が昨日店で持ち帰ったうどんを作って食べた。§*154

前に買っておいためんつゆも残っていたのでお持ち帰りしてよかったと改めて思う。やっぱり和食はホッとする。

R/60

12

PARIS

12/ リュクサンブール公園
13/Airbnb で夕食 §*154

13 §*154

R/60

TODAY'S ROUTES FOR SEPTEMBER 18, 2016

歩行距離 15.3 KM

9月19日(月)
SEPTEMBER 19

昨日買ったトーストとインスタントコーヒーで朝を済ませる。

シテ島のコンシェルジュリーに行くためにグーグルマップで経路検索をするとRERなら乗り換えなしで行けるとわかりLa Plaine Stande de France駅に行き手持ちの回数券を入れたがはねられる。改札を替えみてもだめで思案していたらZone1で買った切符は使えないという貼り紙を見つける。よく読んでみるとその駅はZone2にあって別に切符を買えとある。RERの切符を買って乗ると途中3駅ぐらいしか止まらずシートは柔らかくすこぶる快適だった。

コンシェルジュリーに入ると城跡ではあるが内部はモンサンミッシェルと同じように殺風景な内部である。

革命当時監獄として使われていてアントアネットの独房も再現されている。豪華絢爛な生活をしていた御妃さんがこんなみじめな牢獄でと少し哀れに感じる。

近くのノートルダム大聖堂に行き行列に並ぶ。イタリアのときほどは暑くはなく楽だった。

聖堂の中に入り息子に昨日見たデプレ教会との違いを尋ねると、「豪華さがまるで違う」と答えた。

昼にすることにして息子は相変わらず和食を探すが、中国人の経営するSUSHIはあっても純和式のレストランは見つからない、結局中華レストラン恒興に入りチャーハンなどを食べた。中華であれば日本の中華

PARIS

01

01/ コンシェルジュリー
02/ マリーアントワネットの牢獄

02

料理と変わらない。§*155

現代美術のポンピドーセンターまで行き、外が見えるエスカレータで5階に行くと特別イベントをやっているが、通常のチケットでは入れない。

4階から見るが、数えきれないほどの作品が展示されていて、とても全部は見きれず2、3階は見ずにショップを見て外に出る。全部見るにはまる1日かけても足りなそうだ。とりあえず今回はこんなところと分かればいいだろう。

次にピカソ美術館に向かう。急いで歩いていたので息子も妻も音を上げて途中でお茶にするためカフェに入る。§*156

ところがピカソ美術館は月曜日で

PARIS

03/ ノートルダム寺院の前でシェー！
04/ ノートルダム寺院
05/ 中華料理恒興 §*155 €39.40
06/ ポンピドゥーセンター
07/ カフェ §*156 €22.30
08/ バスチーユ広場　中央の建物が公衆便所
09/ モンパルナス広場

休館。

バスティーユ広場に　つくと息子がトイレに行きたいと言いだす。お茶は飲んじゃったし、夕食には早いしと迷っていると公衆便所を発見。珍しく機械式で無料だ。ただ使用中で1人待っているが息子が待つというのでしばらく待つことにする。人が出たので次の人が入るかと思って見ていると入ろうとしない。いったん閉まり、内部清掃を待つのだと説明される。ひときわ高く水の音がした後ランプが緑になりボタンを押して待っていた人が入って行く。次に息子が入るとき見ると中は水浸しになっていた。

バスチーユ広場の説明は簡単に済んで、時間が余るので昨日行けなかったモンパルナスに行くことにする。

地下鉄を乗り継いでモンパルナスに着いてまず墓地を見にいくが時間で閉鎖していて入れない。道に迷いながら中心街のほうに行ってみたけれど特に見るものもわからない。

夕食の時間になりまたも息子が和食の店を探してガーミンを持ってさまよい始める。

「食うことしか興味ないのだ」

「あたりまえでしょ」

息子は答えた。

SUSHIはあっても純和式料理の店はなかなか見つからず、サクララーメンを見つけラーメンとカレーを食べることにする。いわゆる田舎の駅前定食程度ではあるがそういう類の日本食に飢えていたのでとてもおいしく感じた。§*157

スーパーを見つけて朝食のヨーグルトやバターとバナナを買う。

iPadがなくなったのでネットが使えず、Trdenshan-suport Mapで帰路を検索し、13番線に乗るためGaite駅に行くと電子表示が何か知らせている。フランス語で戸惑っていると通りがかりの人が「どうした」と英語で訊いて来た。息子と話をして13番線が事故か故障でかなり遅延しているということが分かる。ホント助かる。

13番線を迂回する地下鉄に乗り妻と息子が先に席についた。私もあとに続こうとすると、若いきれいな女性が2人私の前をさえぎるように立つ。私が左右にかわそうとすると2人も動き通れない。2人が何か叫んでいる間を強引に突っ切って妻子の所に行く。「あいつらすりだろう」と妻に言うと「そんなことないと思う」というので「すりだ」と言い切る。電車を降りて彼女らを見ると笑いながら手を振っていた。

12番線に乗り換えて終点Front Populaire駅で降り部屋に戻る。

ネットで22日のロンドン行きのユーロスターを買おうとするが23日の分しか予約ができず22日はグレーで買えない。万一電車で行けない場合のため飛行機を調べたがそれは問題なかった。

R/61

あいつら、なんだったんだ？

PARIS

78/ サクララーメン §*157 €30.50

79/ 地下鉄

80/ Airbnb への帰り道

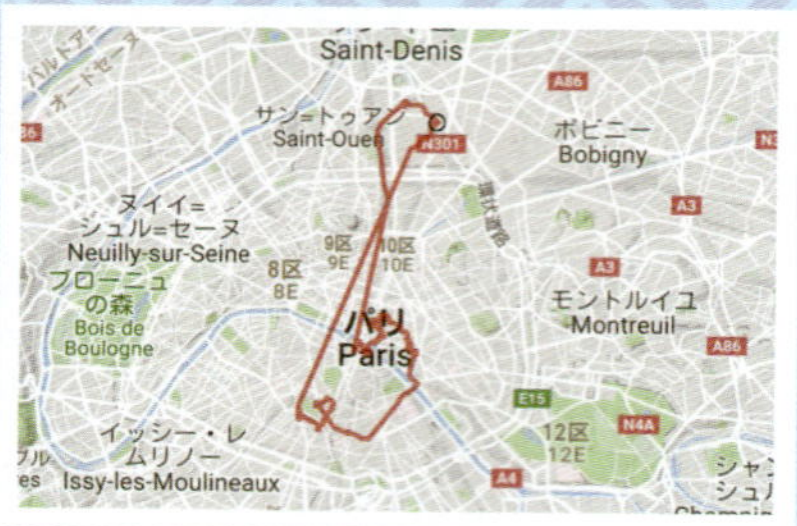

R/61

TODAY'S ROUTES FOR SEPTEMBER 19, 2016

歩行距離 13.9 KM

9月20日(火)
SEPTEMBER 20

食事やシャワーなどで手間どり部屋を出る時には10時になっている。

iPadを取り戻す方法を考えた。犯人の居場所はほぼ特定できたので乗り込むことも考えたがあまりに危険だということで警察に一緒に行ってもらうことにする。

とりあえずマドレーヌ寺院に行くことにして地下鉄12番線のMadeleine駅を出ると目の前だった。さて入ろうとしたがどうしても入り口が分からない。目立たない小さなドアから入ると、ホールにエレベータしかない。そこでまごまごしていると後ろから老女が入って来てエレベーターに乗り、手招きするので乗ると2階が正面入り口だった。どうやら寺院の裏から入って様だった。そこは豪華と言うよりうまく調和がとれた美しい空間になっている。しばらく眺めてから外に出て改めて正面から写真を撮る。

マップの警察署に行ってみるがそれらしいものはなく、警官に訊くとシャンゼリゼ通りだと言う。途次のエリゼ宮を先に見ることにする。

エリゼ宮はフランスの宮殿としては割と地味で観光客もほとんどいないし大統領府としても目立たない。

警備している警官が多くて次々と警察署を訊きながらシャンゼリゼ通りまで行きパリ警察署にたどり着く。

どうみても交番にしか見えない小屋に警官が立っているので、

「警察署はここか?」

「何の用だ」

02

01

PARIS

01/ パリ　マドレーヌ寺院（裏）
02/ パリ マドレーヌ寺院（内部）
03/ パリ　マドレーヌ寺院（表）
04/ 国会議事堂、手前コンコルド広場

03

04

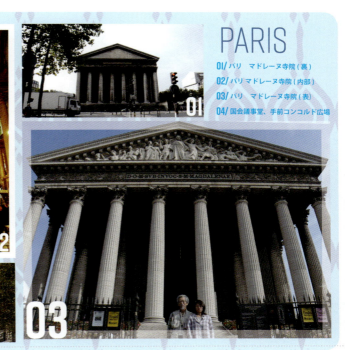

PARIS

05/ パリ　エリゼ宮
06/ パリ Gare de Node(パリ北駅)
07/ 和食レストランジパング §*158 €47.30
08/ パリ 市街地からモンマルトルを見上げる。
09/ サクレ・クール寺院からパリ市街を望む
10/ サクレ・クール寺院
11/ カフェ §*159 €21.20

「盗難届を出したい」

鞄の中を確認して後ろの大きな建物を指差す。

日本語で「すりに注意」というチラシが何種類か追いてある受付カウンターで「盗難届」と言うと「書類に書き込め」と書類用紙を渡される。いくつか質問しながら書き終え、待っている間に外に出てみたらパリWi-Fiが捕まったのでiPhoneを探せでiPadの現在地を表示させる。しばらく待っていると女性警官が中に入れと言って来た。3人で入ろうとしたら「ここは狭いからほかの人は出てほしい」と言われる。妻は残り息子と一緒に入る。

「彼は何でいるのか」

「私より息子のほうが英語が得意なんで」

「私も英語は得意じゃないからいらない」

女警官が叫ぶ。

はぁ？

書類を見ながら彼女がパソコンにデータを入れ込み始める。

「iPhoneを探せでiPadの所在はわかっているので一緒に行ってもらえないか」

iPhoneを見せようとしたら、丸に棒を引いて放射状に線で囲い300mと書き、「無理だ」と言う。それでも私が「見てくれ」と言ってもひどい英語で「わかるかわかるか」と言いながら何か主張している。息子が「意味が分からない」と言うとひどく興奮してきたので、もういいやとあきらめる。

手続きが終わると部屋から出てプリントアウトした紙にサインしろと言うので4カ所全部違うサインをす

るが「終わりだ」と控えをよこした。

1時になっていたので一昨日行った和食レストランジパングに行くことにする。

すき焼き定食と焼肉定食と刺身定食を頼む。日本で食べる普通の定食だったが息子は感激していた。 §*158

地下鉄でGare de Nord(パリ北駅)に行き、ユーロスターのチケット窓口を探して右往左往する。ようやく2階に専用窓口を見つけ駅員にパスポートを見せると、

「日本はシェンゲン協定に入っていないからビザがいる」

と言いだす。

「日本のパスポートでイギリス入国に問題はないだろう」

「訊いてくる」

しばらくして戻ってきて、

「問題ない」

「11時ごろのチケットが欲しい」

「11時15分は450ユーロで、9時15分なら190ユーロだ」

とても9時には乗れそうもないので11時15分にする。時間で料金が違うんだ。

チケットを手に入れ、モンマルトルに向かう。急な坂だったがよろよろしながら登る。

途中、濡れた地面に0.5ユーロ均一の衣類が春の嵐の桜の花弁のように散乱していた。

サクレ・クール寺院はモンマルトルの坂の頂に威厳をたたえた美しさで佇んでいる。

3人ともつかれていたので近くのカフェでお茶とアイスクリームなど

PARIS

Basilique du Sacré-Cœur
サクレ・クール寺院

を食べて一休み。§*159

急な階段を上り始めたがかなり長く、息子がよろよろしている私の尻を押してくれ登り切る。サクレ・クール寺院に入り写真を撮ろうとしたら息子が制止する。見ると撮影禁止のマークが出ている。しかしみんなスマホやカメラでカシャカシャやっているのに係りの人は止めもせずに雑談している。

そこの売店でこの旅で初めてクロス（十字架）を5ユーロで買う。

外に出るとドームへの階段の入り口があったので入ってみようとするが1人6ユーロを見て妻が高いと言いやめる。

寺院の裏に回りモンマルトルの丘に向かう。そこには売店や画廊が数多く並んでいて、その中で変わった絵葉書やランチョンマットなどを買い、コモード（小箪笥）の物入れを見かけてそれも買う。

息子は時計を見て1つ6ユーロ2つで10ユーロだったので2つ買っていた。1つはすぐ動かなくなった。

さらに行くと絵描きがキャンバスを立てている。30年前にはその広場中に画家が散らばっていたが、今は中央がオープンカフェのテーブル席になりそれを取り囲むように細々と並んで描いている。何人かの画家から片言の日本語で話しかけられる。それらの絵を一通り見て回って妻は1人の画家から4枚の絵を買う。

ほかにも買いたかったがこれはと言うのがなくて買いそびれた。夕食の時間になりオープンカフェレスト

18

13

12

14

7

15

ランで食事をする。そのウェイターは日本語がかなり上手だが、こちらから話しかけるとわからないようだった。§*160

食事は結構いける味だが、量が多くて分け合って食べた。ヨーロッパの人は同じものを山盛りにした皿から1人でひたすら食べているが日本人は飽きるので真似できない。

食事を終えてまた画家を見て回っていると、妻が買った画家から「釣りを間違えた」といって「あと2ユーロほしい」と言って来た。妻も覚えがあるらしくおとなしく払っていた。

帰りしな最初に買った店でお土産として布巾を4つ買う。

息子がトイレに行きたいというので3ユーロ払って有料トイレに入った。

（高《たか》！）

坂を降りようとすると門扉が閉まっている。なら階段で降りようとするが、ケーブルカー Funiculaire-Gare Basse があった。有料だが地下鉄と同じ会社だからきっとその切符でそのまま地下鉄に乗れるだろうと回数券を買う。

地下鉄の Anvers 駅に行きその切符を使おうとしたらはねられた。どうやらケーブルカーだけ別料金のようだった。

R/62

PARIS

16

§*

19

12/ サクレクール寺院
13/ 結婚式
14/ コモード
15,16/ モンマルトルの画家
17/ モンマルトルの丘から市街地を眺める
18/ オープンカフェレストランで §*160 €47
19/ 地下鉄 Anvers 駅

R/62

TODAY'S ROUTES FOR SEPTEMBER 20, 2016

歩行距離 12.7 KM

9月21日(水)
SEPTEMBER 21

息子の好きな科学技術館にいくため、息子を早く起こそうとしたがなかなか起きず、10時半に出かける。

先にお土産を買おうと地下鉄でServes-Babylone 駅まで行きボン・マルシェ百貨店に着く。

古くて低い3階建てではあったが内装はとてもおしゃれだ。入り口のセキュリティで「日本人か」と訊かれ「そうだ」と応えると黙って中を指差した。ほかの人は鞄の中身を開けさせられていた。

3階まで行ったが衣料品関連ばかりで土産になりそうなものはない。渡り廊下の先の別館で食品を扱っている。美味しそうなワインを見つけて、包装カウンターに行き、「日本に送れるか」と訊くと、「郵便局から送れ」と断られる。結局クッキーをいくつか買うことにする。

外に出ると息子が和食の店に行きたいと探しているが、

「この後シテ科学技術館に行くだろ、閉館が決まっているから和食の店を探し回っているうちに遊ぶ時間はどんどんなくなるよ」

しばらく考えて

「どこでもいいから早く食べよう」

と言い出した。

地下鉄の Saint-Placide 駅に歩いている途中で両替で持っていた200ドルほどの紙幣をすべてユーロに代える。

カフェレストランで私と妻はハンバーガー、息子はカルボナーラを頼む。§*161

地下鉄の Corentin Cariou 駅で降りる。シテ科学技術館の前に立って見

01/ ボン・マルシェ百貨店
02/ ボン・マルシェ食品売り場
03/ 両替商
04/ カフェレストラン §*161 €45.10

PARIS

ると想像よりはるかに大きい。エスカレーターで3階に行くといくつもの展示があり、息子はそれらを丹念に見て回っている。一部英文はあるが、基本説明文がフランス語でよく意味がわからない展示が多い。

両手を広げて飛行機のかっこをすれば飛べるフライトシミュレーターは楽しかった。

閉館で外に出て夕食にしようとレストランを探す。そこそこにぎやかな街で和食を謳う店も3軒ほどあるがどれも中国人か韓国人の店なので食べる気になれず、韓国料理にする。

愛想のいい韓国人らしきウェイターは片言の日本語で食べ方を教えてくれる。日本で食べるよりはおいしいとは言いにくいが、久しぶりの韓国料理はおいしかった。

§*162

PARIS　CITÉ DES SCIENCES ET DE L'INDUSTRIE

05/ シテ科学技術館
06,07/ 館内
08/ ボディペインティング映像
09/ パリで飛ぶ

グーグルマップの検索でトラムに乗り地下鉄に乗り換える。妻がパリは地下鉄は切符を入れたら2度は入れられないと書いてあったと言うがそんなことはないだろとPorte de la Capelleを降りて地下鉄に乗り換えようとしたらチケットをはねられ、妻が正しかった。

時間も遅いしタクシーで部屋に帰ることにする。降りるとき9ユーロ50セントだったが10ユーロ渡すと運転手が50セントの釣りをよこそうとする。ローマのタクシーでは釣りは返してくれないどころか、料金すら教えてくれないが、パリガイは正直者だ。

部屋に戻り荷物の整理を簡単に済ませて明日に備えた。

R/63

10/ 韓国料理 §*162 €69.95

11/ トラム Corentin Cariou 駅

PARIS

R/63

TODAY'S ROUTES FOR SEPTEMBER 21, 2016

歩行距離 8.7 KM

旅終い

9月22日(木)
SEPTEMBER 22

パリの最後の朝を7時に起きると、珍しく息子も起きていた。

鍵の引き渡しのためホストが8時半過ぎに来ると聞いていたのであわただしく出発の準備をしているとピンポンがなる。まだ8時前なのにホストのお兄さんが来てしまいみんな大慌てになる。

鍵を返し、残った土産をみんなあげる。iPhoneでウーバーを呼び待っていると、ピッタリ1台分しか空いていないスペースに、前後の車を押しのけて駐車しようとしている車がいる。話には聞いていたが、本当に見たのは初めて。

ウーバーは30分ほどでパリ北駅に着き€24、カードで支払う。

北駅のユーロスターのゲートを抜けフランス出国窓口を出てイギリスの入国窓口で並ぶ。ここを超えるとそこはもうイギリスである。

私たちの列の先頭の人がひどく時間がかかり、隣の列がどんどん進む。私ひとりだけ隣の列に並びなおして妻と息子を追い越しそうになったので2人をこちらの列に移動させようやく通れた。電車を待つ間サンドイッチを食べた。 §*163

10時に出発ロビーに入り10時45分列車が到着。スーツケースは列車のドアの横に置いてくることになっているのに妻が席まで持ち込んでくるもので人が通れなくなり困っていると、隣の席の人が座席の隙間にねじ込んでくれた。

電車は最高時速300キロで英仏海峡を目指す。息子を「ドーバー海峡だよ」と起こしたが、トンネルに入るとすぐまた寝てしまった。

04

02
§*160

01

03

PARIS
>>LONDON

01/ パリ 北中央駅
02/ サンドイッチ §*163 €31.57
03/ ユーロスター
04/ ドーバートンネル

英国に入ると建物がレンガ造りや木造になり石積みの家がなくなる。途次1駅だけ停まりロンドンに到着した。

ロンドンの別れ

ロンドンの駅のカフェでお茶を飲みながらネットでホテルを探す。 明日のアエロフロートの出発ターミナル4の近くのヨーテルというホテルが安いので予約を入れようとするが途中でネットが切れた。

とにかく行ってみることにして地下鉄に乗り、ターミナル4へ行く電車に乗り換える。3年前に買ったオイスターカードはまだ使えた。

空港でヨーテルに行ってみるがあまりに狭くカプセルホテルみたいなので断って、同じターミナルのヒルトンホテルを見に行く。

ホテルの看板を見て入ると長い通路になっている。しばらく歩くとあと4分の看板が見えて来る。しばらくするとあと2分となって結局10分ほど歩かされた。

クロークで宿泊費を訊くと350ポンドと言われ、あまりの高さで迷うがまたあの通路を通ってホテルを探し歩くのも鬱陶《うっとう》しいと泊まることにする。 Ω»32

「お父さんは日本に帰って和食が食べられるが、僕はあと3か月たたないと和食が食べられない」

息子が言って、日本食の店はないかネット検索をするとターミナル5にラーメン店が見つかる。

ホテルの前にターミナル5行きのバス停があり5ポンドだがヒースローエクスプレスなら1回乗り換えれば無料で行けるので電車で行くことにする。

ターミナル5でラーメン屋を探してうろついたがどうやっても見つからない。もしかして出発ホールの中じゃないかと妻が言いだし、たどり着くことができなかった。ターミナル5から出国する人しか食べられないと言うのはどうなのだろ。仕方なくカフェネロでパンとスープなどでささやかな最後の晩餐をした。 §*164

8時になり迎えに来ているはずのスクールスタッフの携帯へ息子から電話を掛けると、すぐ行くと返事がありスタッフがやって来た。

みんな集まっているというので一緒に集合場所に行き、今回からスクールに入学する日本から来た母娘とも会う。

息子は久しぶりに会ったスクールのメンバーと楽しそうに英語でふざけあったり、走り廻ったりしている。

しばらく話をして10時になったのでスタッフに別れを告げようと

「息子をよろしくお願いします」

英語でどう言えばいいかわからない。息子に通訳してと頼むと「そんなこと言ったことがないから、わからん」

挨拶をしてホテルに戻る。

これで私たちが日本に帰れば今回の旅は終わり。

R/64

そりやそうだ

05

06

07

LONDON

05/ イギリス　車窓から

06/ ロンドン到着、電車が汚い

07/ ロンドンカフェ

08/ ヒースロー空港 Caffe Nero
§*164 £31.57

09/ 最後の写真

10/ ヒルトンホテル Ω»32 £350

10
Ω»32

08
§*164

R/64

TODAY'S ROUTES FOR SEPTEMBER 22, 2016

歩行距離 4.9 KM

09

9月23日(金)
SEPTEMBER 23

ヒルトンホテルを8時にチェックアウトし、アエロフロートのチェックインをしに行く。チェックインが始まるとビジネスクラスなので簡単に済む。

デパーチャーの中は商店も多くレストランも高級そうだ。その中で酒を扱っている店を探しいくつか目星をつけておいて食事のためにレストランに向かった。

食後席を外していると妻から出発の時間だと電話で呼び出される。急いで土産物店に戻りワイン4本とチョコを買うと、ワインはビニールの袋に入れて封をされ、成田到着まで開けてはいけないとシールされる。

11時15分ゲートが開き、搭乗が始まる。

ビジネスクラスにしては狭くリクライニングも少ししかできない。昼に食事が出たがあまりおいしいとは言い難く、妻は残してしまった。

モスクワ

モスクワに到着しトランジットの間に入ったラウンジは往路の時と同じ窮屈なカウンター席しか空いてなかった。

11時の予定時刻になっても出発ゲートは一向に開かず、いきなり40分遅延と表示される。受付の女性は不機嫌そうに座っているだけで何も案内をしない。11時40分成田に向かって離陸したが理由の説明も、お詫びもなかった。

成田モスクワ間のビジネスクラスのシートは完全にフラットになりゆっくり寝られたが、食事はひどかった。私は無理して食べたがどの皿をとってもひどい、妻は夕食も朝食も手を付けなかった。成田からモスクワの機内食やモスクワのレストランはとてもおいしかったのに、なんでこんなまずい食事を出すのだろう。ピロシキを数個出してくれた方がずっとましである。

R/65

R/65
TODAY'S ROUTES FOR SEPTEMBER 23, 2016
歩行距離 7.2 KM

LONDON>>

MOSCOW

01/ ロンドン→モスクワ 機内食 §*165

02/ モスクワトランジット

03/ モスクワ→成田 機内食 §*166

04/ モスクワ→成田 喫茶 §*167

05/ モスクワ→成田 機内食 §*168 （食べ物？）

家を出るときどしゃ降りだったが、帰ったときもまた雨だった。

R/66

茅ヶ崎は雨だった

9月24日(土)
SEPTEMBER 24

やはり日本に帰ってくるとホッとする。誰もが少し気味が悪いぐらい物腰が柔らかく丁寧だ。

空港には宅配の会社が何社もカウンターを出していて、簡単に出せるのはさすが日本である。飛行機で食べなかった妻は1人でレストランに入りお茶漬けを食べていた。

飛行機でほとんど何も食べなかったので、お腹がすいていた。だしの香りにそそられてだし茶漬けの店に1人で入った。「日本サイコ〜!」今回の旅で1番おいしかった。

妻が戻ってきて成田エクスプレスに乗り、茅ヶ崎に着いてみると雨が降ってる。駅からタクシーで自宅に帰った。

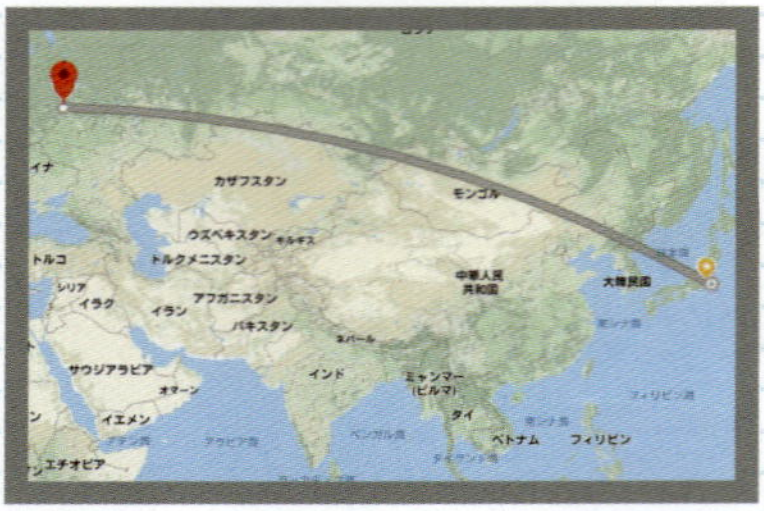

R/66

TODAY'S ROUTES FOR SEPTEMBER 24, 2016

歩行距離 2.2 KM

01/ 成田　到着
02/ 成田エクスプレス（電車がきれい）
03/ 茅ヶ崎駅

JAPAN

ただいま

総走行距離数 7755 KM

結

予想以上に長い旅になった。親として息子にしてあげる最後の長距離ドライブになるだろう。

3年前に家族でアメリカを横断した時は30日で9000キロを走った。今回は60日で7500キロだから楽勝だと思っていたが、これは全くの見当違いだということが最初の1週間ぐらいで思い知らされた。

アメリカは250年、ヨーロッパは2000年の歴史がある。この差は想像以上に大きい。古代ローマの遺跡や中世の戦乱の時代そして第一次、第二次世界大戦、そしてその後のEUの時代と遺跡の上に遺跡を重ねている。今回の旅も表面を軽く撫でただけだ。それでもこれだけ死に物狂いで走りまわる羽目になった。

旅は失敗の連続で、財布やカバンを盗まれたり、予定の場所に入れなかったり、後回しにしたらそのまま行き忘れてしまったり、折角ヨーロッパに行ったのに和食の店ばかり探し回ったり、マクドナルドに感心して、肝心の観光地はほとんど見てなかったり、旅行記としてはあまり参考にはならないと思うが、こういう失敗もあると笑ってもらえればそれも愉《たの》しい。

盗まれたバッグは戻ってこなかったが、旅行保険の保険金で代わりに中古のiPadを買って息子に渡すことができた。

ヨーロッパの感想。都会の街並みは素晴らしいが住宅街のゴミや悪臭に辟易《へきえき》した。すりや置き引きも多く、レストランやホテルのトイレや風呂の多くは壊れていた。

反面、小さい街はどこも落書きもほとんどなく気持よく過ごせた。特にマテーラは秀抜《しゅうばつ》である。もう一度行きたい。

30年前には1軒も見なかったSUSHIレストランが異常に多かった。英語すら通じない田舎町にもあった。地元料理を除くと一番多かったかもしれない。ただほとんどが中国人の経営で、日本人は数人しか見ることはできなかった。

イタリアおやじはいい。フランスは英語もインターネットも使えないことが多いが女性は美しい。スペインは愛想がいい。ギリシャは泥路《でいろ》に嵌《はま》っている。スイスとモナコは洗練されているが物価が高い。

総じてヨーロッパは30年前と比べ道を見失って彷徨っている感がする。それに比べて日本は食事はうまいし、どこも衛生的で、気味悪いほど丁寧だ。息子が言う「日本サイコー」は否定できないが、個人的にはイタリアの方が好きだ。（すりは多いが）

いずれ息子の記憶からこの旅の記憶も薄れていくだろう。それでも目覚め、自ら動き始めるとき、体験し感動した憶えが彼を守る道しるべになってほしい。それがこの旅の最大の目的である。

71歳、45歳、12歳の3世代が共に2か月も外国を旅をするという例はそんなには多くはないだろう。そういう意味で記録として残しておくことにも意味があるかもしれない。

この道しるべはどの街に立っているでしょう？ 最初に正解をメール下さった方に粗品を差し上げます。

この旅は会社の人たちと妻の協力なしではなしえなかった。またこの本の出版に際し風詠社の大杉さんにはご尽力をいただいたことに感謝をします。私がいなくなったあと、旅の思い出が妻と息子の絆《きずな》になればいいのだが。

それにしても長かった。妻と息子はもう二度とやりたくないと言っているけど、自分は機会があればまた…

<著者略歴>

1945年1月　神戸市生まれ

1967年3月　立教大学　法学部法学科卒業　同年　黒川建設就職

1975年3月　順天デザイン専門学校卒業
　　　　　　インテリアデザインと内装業に従事

1980年　　 建築見積ソフトの開発開始

1995年2月　ノエシス株式会社設立 代表取締役に就任
　　　　　　建築総合ソフト・コモードを発売

旅ブログ　http://diary.chigasaki-city.com/

メール　katayama@noesis.co.jp

装丁 / レイアウト DESIGN : CHOCOLATAGRAPHICS / 高橋さち
www.chocolatagraphics.com

よろよろヨーロッパ　くるくるくるま旅
- 家族3人10か国60日ドライブ旅行 -

2018年7月20日 第1刷発行

著　者　片山　暉
企　画　ノエシス株式会社
発行人　大杉　剛
発行所　株式会社風詠社
〒553-0001 大阪市福島区海老江5-2-7
ニュー野田阪神ビル4階
TEL 06(6136)8657 http://fueisha.com/
発売元　株式会社 星雲社
〒112-0005 東京都文京区水道1-3-30
TEL 03 (3868)3275
印刷・製本　シナノ印刷株式会社

ISBN978-4-434-24936-5 C0026

落丁本は風詠社宛にお送りください。お取り替えいたします。